满纸悲凉 一腔深情

张爱玲传

Eileen Chang

翟晓斐 著

華中科技大學出版社
http://www.hustp.com
中国·武汉

图书在版编目（CIP）数据

张爱玲传：一腔深情，满纸悲凉 / 翟晓斐著. --
武汉：华中科技大学出版社, 2021.10
ISBN 978-7-5680-7452-0

Ⅰ. ①张… Ⅱ. ①翟… Ⅲ. ①张爱玲（1920-1995）
-传记 Ⅳ. ①K825.6

中国版本图书馆 CIP 数据核字(2021)第 152966 号

张爱玲传：一腔深情，满纸悲凉
Zhang Ailing Zhuan：Yiqiang Shenqing，Manzhi Beiliang

翟晓斐　著

策划编辑：亢博剑　沈　柳
责任编辑：沈　柳
责任校对：阮　敏
封面设计：今亮後聲 HOPESOUND 2580590616@qq.com · 小九
版式设计：赵艳霞
出版发行：华中科技大学出版社(中国 · 武汉)　电话：（027）81321913
武汉市东湖新技术开发区华工科技园　邮编：430223
印　　刷：天津中印联印务有限公司
开　　本：880mm × 1230mm　1 / 32
印　　张：7.75
字　　数：240 千字
版　　次：2021 年 10 月第 1 版第 1 次印刷
定　　价：42.00 元

华中出版

本书若有印装质量问题，请向出版社营销中心调换
全国免费服务热线：400-6679-118　竭诚为您服务

序 言

一腔深情，满纸悲凉

1995 年 9 月 8 日，中国文坛上的一颗巨星——张爱玲，在洛杉矶一个偏僻的公寓里，身边没有亲人、朋友，悄无声息地陨落了……

今天人们谈及张爱玲，焦点主要聚集在她的文学作品上，而她在文学上所显示出来的超群才华，与她的家庭氛围不无关系。显赫的家世背景、浓厚的家庭文化底蕴以及坎坷的童年生活……都影响了她的文学创作。

张爱玲的父母都出生于清末贵族家庭。张爱玲的祖父张佩纶是清末名臣、同治时期进士，学识渊博。她的祖母李菊耦是晚清重臣李鸿章的爱女，自幼读书明理，深谙经史。张爱玲的父亲张廷重接受过西洋文化教育，却是个典型的清朝遗少。母亲黄素琼则是清末长江七省水师提督黄翼升的孙女，且深受五四运动的影响，思想开放。张爱玲在幼年时期，父母就对她进行了中国古典文学的启蒙教育。她自幼熟读诗书，后来通过私塾老师系统地学习诸如《易经》《诗经》《春秋》《礼记》等经典著作。在这样一个书香与传统气息并融的氛围中，她汲取了大量古典文学养分，积淀了深厚的文化底蕴，7 岁时便创作了生平第一部小说。

如果说家庭环境是张爱玲文学创作的源泉，那么学校生活便是一味“催化剂”。

当时的中国，正处于西方思想文化涌入，国人开始倡导个性解放、人格独立和思想自由的新思潮时期。张爱玲 11 岁时，进入一所由外国教会兴办的著名女校学习，其间接受了人文科学、自然科学等西方先进的思想和文化教育。当时主流社会里中西文化的碰撞，对她的文学创作生涯产生了很大影响。她在少女时期创作的文学作品中常透露出与年龄不符的沉着与冷静，仿佛在冷眼旁观世间的一切。

成年后，爱情道路上的坎坷遭遇，更是张爱玲文学创作中不可缺少的重要“调味品”。她像许多同龄的女生一样，向往自由，渴望爱情。这是一种乐观积极的人生态度，但在现实生活中，她的爱情总以悲剧收场。

与胡兰成相恋时，她全心全意地付出，不介意胡兰成的汉奸名声，不介意两人年龄相差悬殊，不介意他曾经有过两段婚姻。可以说，在这段感情中，从一开始他们的地位就是不对等的，但她还是发自内心地感到满足。怎奈胡兰成生性多情，没有给张爱玲他所承诺的安稳生活，即使在外逃期间，仍拈花惹草、四处留情，最终张爱玲选择了放手。看似洒脱决绝，实则痛苦无奈。

在这一时期，张爱玲的文学创作经历了由高潮到低谷的突变，她使用的笔调往往是悲凉、孤寂的，作品中饱含了对世事无常的无奈及对爱情的无解。

在婚姻与事业均受挫后，张爱玲远赴美国，在那里遇到了同为作家的赖雅，两人因共同的写作爱好而相识、相知，再相爱。1956 年 8 月，张爱玲与年长自己 29 岁的赖雅牵手走进了婚姻的殿堂。张爱玲一生最大的愿望是“岁月静好，现世安稳”，但在这段持续了 11 年的婚姻生活中，她时常为柴米油盐而犯愁。直至赖雅因病去世后，张爱玲的生活才宽裕起来，但身边无亲无友，去世前仍在不停搬家，最终也没有过上安稳生活。

有人说，张爱玲就是多个矛盾的综合体：她向往生活，却又是一个悲观主义者；她出身名门，却自豪地宣称不依靠任何人；她通达人情世故，却我行我素，不为他人左右；她用文字与读者聊家常、谈心事，现实中却不肯让人窥探自己的内心；她曾经红极一时，晚年却在异国他乡隐居，孤独老去。因此有人说："只有张爱玲才可以同时承受灿烂夺目的喧嚣与极度的孤寂。"

读不透的张爱玲，如同一个谜，一团雾，一段发生在近现代中国的传奇。人们津津乐道于她是一个天才女子，却很少有人走进她的内心，去感受和探讨她作为一个平凡女人所经历和挣扎过的光明和黑暗。

本书以张爱玲的生平为主线，采用描述、议论、引用、抒情等多种手法，力求还原张爱玲一生的历程，使读者对她的身世有一个全新的了解。

人生亘古如斯，变幻的只是时空，不变的是人性，张爱玲的身影随着时光的流逝而慢慢变得模糊，但她的精彩故事永不褪色。

目 录

Contents

第一章　往事追忆

20世纪40年代的上海，人们还未从硝烟战火中回过神来，整天在迷茫与无措中如行尸走肉般生活。张爱玲的文章，正好填补了他们内心的空白。人们在被她的文字所吸引的同时，对文字背后的故事也有了兴趣：她的家人、她的身世……

1. 没落贵族

正如胡兰成所说，张爱玲是民国世界里的临水照花人。看她的文章，只觉得她什么都晓得。其实她对世事经历得很少，但是那个时代的一切都自会来与她产生关联，好像“花来衫里，影落池中”。其实，张爱玲的故事远比她的小说琐碎、复杂得多。

20 世纪 20 年代，上海，苏州河涌动着人们的哀愁和清梦。1920 年 9 月的最后一天，农历八月十九，在上海公共租界的张家公馆诞生了一个女婴，这个女婴取名为张煐，也就是后来的张爱玲。

张爱玲的曾祖父张印塘，是河北丰润人，咸丰年间，曾任安徽按察使，是个极为清廉、耿直的好官。她的祖父张佩纶，也是晚清时期官场少有的“清流”人物，与张之洞、陈宝琛等同为“清流”主将。

少年时，张佩纶才思敏捷，数千字的文章往往能一挥而就。

光绪元年大考翰詹时，张佩纶高居二等第三。中法战争初期，张佩纶主战，受命三品卿衔，会办福建海防事宜。清军战败，张佩纶被夺职遣戍，做了李鸿章的高级门客。八国联军侵占北京后，因在对待俄国的态度上不一致，张佩纶与李鸿章分道扬镳，改居南京，从此不再过问政事。1888 年，张佩纶再次做回李鸿章的门客。

李鸿章赏识张佩纶的才华，便将爱女李菊耦嫁予张佩纶，成为张佩纶的第三任妻子。李菊耦娴雅温婉，同样善做文章，且是李鸿章最疼爱的女儿，常常是“爱之如明珠，左右不离”。

婚后，二人香茗互赠，题咏互乐，育有一子一女，儿子就是张爱玲的父亲张廷重。

张廷重，生于张家繁盛时期。父母恩爱，家产富庶。他从小锦衣玉食，沐浴着父和母顺的和谐家风，饱读诗书，聪颖过人。可惜世事难料，在张廷重 7 岁时，父亲去世，家道中落。

李菊耦在丈夫去世后，便立志要把张廷重培养成才，实现丈夫生前的抱负。

李菊耦给儿子、女儿的爱是失衡的。她向往自由，只是自由对于她来说，是遥不可及的。于是，她把自己对自由的向往都投射到女儿张茂渊身上，对儿子却要求极其严苛。张家老女仆回忆说：“老太太总是给三爷（张廷重）穿得花红柳绿的，满帮绣的花鞋——那时候不兴这些了，穿不出去。三爷走到二门上，偷偷地脱了鞋，换上袖子里藏着的另一双。”

李菊耦即便把张廷重装扮成一个出不得门、见不得人的腼腆女儿相，但还是总提防着他，生怕他败坏了张家声望。久而久之，张廷重变得内秀、腼腆，俨然破败的富贵人家的纨绔子弟，但是少有地才华横溢。他终日背手踱步，绕室吟诵，满腹经纶，满腔愤懑，慨叹生不逢时。后来，时局更加动荡，种种不顺，所学无从施展，张廷重便沉迷于鸦片中。时间久了，家道衰败成了理所当然。

其实，张家之所以能够在张佩纶去世后还得以支撑一段时间，全靠李鸿章的鼎力相助。为了爱女，李中堂慷慨相赠，殷实富足的嫁妆足够子子孙孙享用。数量惊人的房产、田地与古董更是可以让李菊耦和儿子张廷重衣食无忧。

张爱玲出生的地方——张家公馆，就是当年李菊耦出嫁时，李鸿章给爱女的陪嫁。这座欧式小楼采用了当时最流行的西洋风格，四面是房间，中间有一个宽阔的天井，朝里一面有连廊，可以通行。这样的房子在当时是极为奢华的。

然而，大家族的变迁就这样毫无预兆地到来，让人无法接受，却又无可奈何。李鸿章的慷慨解囊终究没有阻挡住张家的一再破败，五四运动的清风最终吹散了这个腐朽大家族的晦重之气。

之后，张爱玲的诞生并没有给张家这个没落的封建大家族带来太多的快乐。父亲张廷重在欣慰于张爱玲的可爱之后，随即又陷入对世事的困顿、迷茫之中，一遍一遍地叹息着生不逢时——替女儿，也替自己。

成年后的张爱玲并不愿提及自己出生在这样的簪缨世家。

倘若有人问起，她也总是含糊其辞。也许是因为童年的阴影、家族的没落，她总是下意识地远离那些象征权势与地位的精英名流而独自偏居一隅。张爱玲唯一一次愿意将其身世告之读者，也是为了她的小说集的宣传。

我书出版后的宣传，我曾计划过，总在不费钱而收到相当的效果。如果有益于我的书的销路的话，我可以把曾孟朴的《孽海花》里有我祖父与祖母的历史，告诉读者们，让读者和一般写小说的人去代我宣传——我的家庭是带有“贵族”气氛的……

然而，在她的内心深处，家庭还是很重要的。晚年，她曾说过这样一段动情的话：“我没赶上看见他们，所以跟他们的关系仅只是属于彼此，一种沉默的无条件的支持，看似无用、无效，却是我最需要的。他们只静静地躺在我的血液里，等我死的时候再死一次。我爱他们。”血缘，就是这样，一荣俱荣，一损俱损。

2. 金童玉女

1915 年的上海租界，被一种新型的商业气息所包围，打开报纸，你能看到绅士与美女亲吻的“美丽牌”香烟的广告，能看到电影明星新上映的电影的海报。此时的上海，被称为“东方巴黎”，那份畸形的繁华，吸引着各地各色人物不断前来投资、冒险、享乐。

这一年，张廷重与黄素琼同为19岁，是一对人人羡慕的金童玉女。黄素琼就是张爱玲的母亲。

黄素琼的祖父黄翼升，是清末长江七省水师提督，李鸿章初建淮军开赴上海时，黄翼升率五千水师受其统辖，为其副手。同治四年，黄翼升因阻拦东捻军向西突围有功，被封为男爵。南京莫愁路上的朱状元巷14号因黄家入住而更名为军门提督府。黄翼升的次子，也就是黄素琼的父亲黄宗炎，早年中举，后来又捐了道台，承袭爵位后赴广西出任盐道。黄宗炎赴任广西之前，买了一个长沙农家女为妾室，后来产下一对龙凤胎，其中的女孩就是黄素琼。

出身于传统官宦世家的黄素琼，有着南洋混合血统，家族女子皮肤多不太白，头发也不太黑，且深目高鼻。这些基因中的特征造就了黄素琼的美丽敏感与超越男人的理性。

张廷重与黄素琼，男的俊美而富有才华，女的小巧秀丽而才情俱佳。他们自身的美貌与才情，再加上背后的显赫家族，这样一对才子佳人的婚姻势必会得到人们的祝福。

张黄两大家族的联姻，一时被传为佳话。更值得一提的是，这段姻缘还符合了古人对于美好姻缘的定义——亲上加亲——张廷重是李鸿章的亲外孙，黄素琼则是李鸿章的远房外孙女。在世人眼中，他们是那样般配。

但那只是世人眼里的金童玉女，黄素琼本人可不这么认为，她从一开始就不满意这桩所谓的门当户对的婚姻。这个从小就被缠足的女子，骨子里天生就有着一股对自由生活的向往，再加上当时时代气息的熏染，她的思想不同于一般深宅大院里的传统女性。她热情爽朗，自由奔放，又曾亲眼看见过母亲做妾时的凄凉与痛苦，对旧时大家庭里那些公子哥的行为深恶痛绝，一直渴望能有一个志同道合、思想开明的男子与她共度一生。

而张廷重则是典型的清末遗少，他熟读四书五经，沉醉于古老沉闷的书卷之中，虽满腹才气，但刻板迂腐。与此同时，男尊女卑的封建思想也深深地嵌入了这个前朝遗少的灵魂里。如果说厚重的家世背景、严格的家庭教育，让张廷重在学识上有所收益，但另一方面，这些也成了禁锢他思想的枷锁。他的思想、情感、生活都被这道无形的枷锁羁绊，一生都无法摆脱。

显然，张廷重不是黄素琼的理想夫君，而在当时父母之命、媒妁之言的大环境下，她无法反抗，但骨子里渗透的对自由的追求并没有因为嫁人而放弃。

黄素琼婚后的生活因丈夫思想的死寂而昏暗无聊。没有了科举考试，张廷重满腹的四书五经失去了用武之地，他一下子慌了，无所事事，终日慨叹生不逢时。无处宣泄的他，最终也只得在吟诵四书五经时获得一点精神慰藉。黄素琼对此还是可以忍受的，她将心思花在学习钢琴和修习英文上，也学着用心去裁剪衣服、打扮自己。这样的生活倒也可以勉强维持一个家庭的完整。

然而，渐渐地，张廷重开始将无处安放的精力寄寓于袅袅的鸦片烟雾和青楼美梦的温柔乡之中。鸦片的危害，不仅在于能够迅速吞噬掉万贯家财，掏空一个人的灵魂，更在于它能瞬间使一个本就脆弱的家庭变得彻底死寂。

张廷重终日沉醉在温柔乡里，最终将自己和家庭一起拖进了万劫不复的深渊。虽有黄素琼苦口婆心地规劝，但张廷重依然我行我素，不为所动。

冬去春来，黄素琼为张家诞下了一双儿女，她仍在死气沉沉的家庭中隐忍着。后来，新文化运动影响中国的大江南北，文艺复兴的潮流正在感染和教化着东方的进步青年。

此时，留洋西去已成为大多数年轻人所追求的时髦。黄素琼的朋友徐悲鸿、蒋碧薇等，大踏步地开辟着新的风潮。黄素琼心中那一粒蠢蠢欲动的种子想要发芽、破土而出。她勇往直前，意气风发。只有这样，才能让她暂时忘记束缚她的丈夫，摆脱让她窒息的封建文化。她静静地等待着时代为她准备的契机。

国家与社会的巨变迎合了母亲的希望，却搅乱了父亲的生活，两股暗流的碰撞造成了不可调和的矛盾。没有缘分的人即便被捆绑在一起，最终也是要分开的。他们的不般配是时代的产物，是深入骨子里的。一切的一切开始变得愈发不可收拾，黄素琼骨子里追求自由的念想越来越强，对丈夫的行为越来越不齿。无论在别人眼中是如何的佳偶天成，两个人终究渐行渐远，黄素琼想离去的决心愈来愈坚定。

父母间变得水火不容，张爱玲在《对照记》里毫不讳言地说："他们（指父亲、母亲和姑姑）在思想上都受五四的影响，就连我父亲的保守性也是有选择性的，以维护他个人最切身的权益为限。"张爱玲的弟弟张子静也在回忆录中坦言："我父亲虽也以新派人物自居，观念上还是传统的成分多。"

机会终于来了。1924 年，小姑子张茂渊要出国留学。由于同样憎恶张廷重的自甘堕落，张茂渊与黄素琼这对姑嫂倒相处得颇为融洽。这时，张茂渊年幼尚需照顾便成了黄素琼一同前往的绝佳理由。

毅然地，黄素琼抛下了 4 岁的女儿和 3 岁的儿子，离开了那个浮华奢靡、死气沉沉的深宅大院，与张茂渊一同远赴重洋。而她随身携带的，仅仅是可以支付自费游学费用的家产。

后来，张爱玲回忆，母亲走后，寂寞的张廷重则以诵读诗文为生活的主要内容。"我父亲一辈子绕室吟哦，背诵如流，滔滔不绝，一气到底。末了拖长腔，一唱三叹地作结。沉默着走了没一两丈远，又开始背另一篇。听不出是古文、时文，还是奏折，但是似乎没有重复的。我听着觉得心酸，因为毫无用处。"

对于张爱玲来说，父亲与母亲的婚姻是一本反面教材。这不仅是因为父母这一对本应该幸福的金童玉女，却最终在现实面前分崩离析、不可调和，也是因为父母在封建包办婚姻下的努力终归化为无形，更是因为他们真实的情感敌不过两种不可调和的思想的离心之力。

3. 记忆中的童年

天津。

这座城市对于张爱玲来说，在记忆中远不似上海那般浓墨重彩，散发着橙红的、温暖的、朦胧的、辽远的微光。在天津，张爱玲度过了她人生中一段安稳、舒缓而又柔软的童年时光。

关于张爱玲童年在天津的故居，有三种说法：一说是张爱玲在《私语》中提及的32号路61号；另一说是张子静的记忆，在英租界31号路61号；还有一说是在法租界32号路61号，张学良少帅府的斜对面。无论是哪里，这些地方如今都是天津的核心地段，繁华、热闹。然而，外面世界的喧哗和繁闹终究无法改变人们内心的思想轨迹。

对于张廷重来说，来天津是又一次沾了祖上的光。张佩纶倡导洋务运动，因此张家也是讲求洋务最早的世家。李菊耦在张廷重年少时，就给他聘请了英文家庭教师。因此，张廷重凭借自身的英文功底，靠着在北洋政府交通部做总长的堂兄张志潭的威望，谋得了津浦铁路局的英文秘书一职，获得了稳定的收入而身份又颇为光鲜。

在得到了诸方关照、住进了辉煌的祖屋后，张廷重开始过起了典型的清朝遗少生活，在上班之余，将抽大烟、出入花街柳巷、与朋友吃喝玩乐当作了生活的主要内容。

尽管如此，在张爱玲的记忆里，天津仍是她真正意义上的第一个家。那里充满了阳光，它意味着温暖、活泼，也意味着最初关于家庭和家人的所有美好和不美好的记忆。

那时，母亲还没有离开，她关于母亲的记忆总是那么温暖。每天清晨，当半缕阳光从窗户中斜斜地照进来时，保姆何干会将她抱进来，送到母亲温暖的怀抱里。嗅着母亲甜甜的体香，她是何等幸福啊！伸出小手摸一摸母亲的脸颊，感受着母亲平和的呼吸和甜美的微笑，调皮地掀开母亲惺忪的睡眼，在母亲假装愠怒时，倏地钻进温暖的被窝，紧紧地贴着母亲柔软的身体，与母亲嬉笑打闹一番。

然后，她便趴在方格子青锦被上，不知所云地背诵唐诗。下午，倘若能认得并记住两个生字，还能换来两块绿豆糕吃。这些对于4岁的孩子来说，恐怕是最好不过的温暖了。

随着张爱玲一家一同搬到天津的还有一些下人们。这些下人也给张爱玲的童年生活增添了不少色彩。

庭院里有一个大大的秋千架，每当闲暇时，一个额头上有块疤的高个子丫鬟就会抱起张爱玲，把她放在秋千架上，再轻轻地将她推起，任由她荡开来。这时，丫鬟们就会高兴得拍起手。花香伴着笑声，那时的张爱玲每天都很快乐，无忧无虑。直到多年后，张爱玲还能清楚地记得，那个额头上有块疤的高个子丫鬟被她唤作“疤丫丫”。

有一个男佣被张爱玲唤作“毛物”。他个子不高，模样清秀，酷爱写字，还很喜欢讲《三国演义》。“毛物”是一个“粗通文墨但胸有大志的男底下人”。天井一角架着一个青石砧，闲来无事，“毛物”就会用毛笔蘸水在青石砧上写一些古诗词。这对于早慧的张爱玲来说，无疑有着莫大的吸引力。

“毛物”对她很好，时常给她讲《三国演义》里的故事。每每这时，张爱玲必定会瞪起溜圆的小眼睛，全神贯注地听，全然不顾“毛物”的唾沫横飞。“毛物”后来娶妻，妻子被张爱玲唤作“毛物新娘子”，后来又被她简称为“毛娘”。颇有几分姿色的“毛娘”有着水汪汪的大眼睛和红扑扑的鹅蛋脸，也喜欢给张爱玲讲孟丽君女扮男装中状元的故事。

但下人们对于她的喜爱是有分寸的。这种分寸给张爱玲的童年带来了小小的不愉快。弟弟张子静是个男孩，自然会享有比张爱玲更优越的物质待遇。有了好吃的，下人们总是先拿给弟弟吃，也会给弟弟多分出一些来。带弟弟的保姆叫张干，因为带的是男孩，总是趾高气扬，凌驾于张爱玲的保姆何干之上。何干也因为自己带的是个女孩而觉得心虚，凡事都让着张干。

对于张干的趾高气扬，张爱玲是看不惯的，她总想着要斗一斗张干。终于有一次，张干这个下人被她惹急了，恶狠狠地说：“你这个脾气只好住独家村！希望你将来嫁得远远的——弟弟也不要你回来！”说完，似乎还不解气，张干指着张爱玲拿着筷子的手指，一脸严肃地说："筷子抓得近，嫁得远。""抓得远呢?"张爱玲忙把手指移到筷子上端。"抓得远当然嫁得远。"顿时，小小的张爱玲被气得说不出话来。

张干带给张爱玲的不愉快，还因为另一件事。一次，张干买了个柿子回来，因为太生，所以就放在了抽屉里。张爱玲发现后，就隔两天去看一下。终于，柿子红透了，但张干还是没有拿出来，想来是忘了。直到柿子烂了，成了一滩水。可是，小小的自尊心让张爱玲始终没有说出来，一直觉得是张干不想给她吃。

好在，小小的张爱玲总有着自己的乐趣。

张爱玲很享受夏日午后的时光。她常常穿着白底小红桃子纱短衫、红裤子，搬上小板凳坐在阴凉的院子里，喝着满满一小碗能去暑的淡绿色的六一散，津津有味地翻看小人书。

镜子前，张爱玲静静地立着，仰起小脸，看着母亲对镜梳妆，在绿短袄上别上翡翠胸针，心里泛起小小的涟漪，羡慕万分，便盘算着以后也要像母亲一样打扮自己——"八岁我要梳爱司头，十岁我要穿高跟鞋"，女孩子总归是爱美的。

幸福的日子总是那么短暂，还没来得及好好享受就结束了。就像小狗，刚刚还依偎在妈妈身边甜甜地睡着，不知什么时候妈妈就起身离开，好像永远也不回来了，只留下那只小狗闭着眼睛、抬着头哀声地叫着，唤着妈妈快回来。

张爱玲回忆起母亲第一次离家时曾说："我母亲和我姑姑一同出洋去，上船的那天她伏在竹床上痛哭，绿衣绿裙上面钉有抽搐发光的小片子。佣人几次来催说已经到时候了，她像是没听见，他们不敢开口了，把我推上前去，叫我说：‘婶婶，时候不早了。’（我算是过继给另一房的，所以称叔叔婶婶）她不理我，只是哭……”那一画面留在张爱玲记忆中的，是母亲伤心痛哭的样子。张爱玲的母亲终究还是改掉了自己的名字（黄素琼为了摆脱旧生活，迎接新文艺的生活，给自己改了名字叫黄逸梵），毅然决然地选择了离开，也带走了年幼的张爱玲与张子静对母亲的无限依恋。

也许对于年幼的孩子来说，当时的创伤是日后多少岁月都无法弥补的。

张爱玲的父亲在外纳的小妾在母亲离开没多久就被抬进门来。小妾的陪嫁不少，一进门便张罗着重新布置这个家。张爱玲叫她“姨奶奶”。或许是因为张子静是男孩，以后要继承家产的缘故，这位“姨奶奶”不喜欢张子静，反倒很喜欢张爱玲，每天晚上都带她去“起士林”看跳舞。她去跳舞，张爱玲就坐在桌边，见到“面前的蛋糕上的白奶油高齐眉毛”，惊讶极了，把一整块蛋糕全吃了。

姨奶奶很会哄她高兴，特意为她做了一套雪青丝绒的短袄和长裙，问：“看我待你多好！你母亲给你们做衣服，总是拿旧布料东拼西改，哪儿舍得用整幅的丝绒？你喜欢我还是喜欢你母亲?”小孩子哪能抵得过这种诱惑，于是，张爱玲不假思索地说：“喜欢你。”这件事让成年后的张爱玲回忆起来仍感到“很别扭”。

只是，这样的人终究是融入不到张家这个封建大家族里去的。终于，姨太太在一次用痰盂将张廷重的头砸破后，被张家族人赶出了家门。走的时候，佣人们都拍手称快：“这下子好了！”

1928 年，张廷重失去了津浦铁路局的铁饭碗，无奈地带着一家人从天津返回上海。天津的生活在张爱玲 8 岁时戛然而止，她注定要继续她的搬家生涯，并且毫无预兆。

4. 母亲的归来与远走

张爱玲的母亲是一个感情丰富的人。她的走是那样决绝，不留余地；她的留又是那样柔情，如一汪清水。父亲的基因给了张爱玲优雅与才情，而母亲基因里的泼辣与果断也被她毫无保留地继承了下来。张爱玲的母亲是有着男人性格的女人，温婉而又果断、凌厉。

在谈及母亲时，张爱玲在话语间透露出的更多是无可奈何——“我一直是用一种罗曼蒂克的爱来爱着我母亲的。她是个美丽的女人，而且我很少机会和她接触，我四岁的时候她就出洋去了，几次回来了又走了。在孩子的眼里她是遥远而神秘的。”

母亲和姑姑张茂渊离开上海后，先去了当时最发达的工业国家——英国，之后又去了法国。20 世纪 20 年代的英国和法国，有着当时世界上最先进的工业文明，也有着当时世界上最旺盛的现代文明。在那里，黄素琼迫不及待地撇下封建腐朽的印迹，很快就融入了现代文明社会中。甚至，她将被束缚过的小脚塞入定制的高跟鞋中，迅速变成欧洲贵妇人。她说英语，去阿尔卑斯山滑雪，报读美术学院，学会了油画和雕塑，她的滑雪技巧比张茂渊还要好。

那几年，她是快乐的，因为她终于摆脱了腐朽的丈夫和枯燥无味的日子，如愿以偿地过上了自己向往的西式生活，享受到了自由和男女平等。然而，在黄素琼的心里，一定有某一个角落是不踏实的，因为她换取自由的代价是放弃了一双儿女。

黄素琼离开后，张廷重真的着急了。他辗转托人告诉黄素琼，自己要戒除鸦片，并且不再纳妾。面对张廷重的承诺，黄素琼动摇了，况且他们还有一双惹人疼爱的儿女，怀着对破镜重圆的美好憧憬和对一双儿女的牵挂，黄素琼又回到了上海。

等待的日子是快乐的，母亲回来了，与她一同回来的，还有她在欧洲的游学经历和在西方现代文明影响下的生活方式。当然，她的回来还有另一层意思，只是她没有明说——“有些事等你大了自然就明白了。我这次回来是跟你父亲讲好的，我回来不过是替他管家”。她是穿着美丽的法国洋服回来的。她一见到张爱玲就毫不留情地指出：“怎么给她穿这样小的衣服？”不久，她就给张爱玲做了新衣。

母亲的归来让张爱玲和弟弟又感受到了久违的快乐，尤其是张爱玲。后来，父亲的病也逐渐痊愈，家里又有了往昔的温馨和欢乐。此前，他们还从石窟门的房子搬到了一处花园洋房里，有树和花，也有狗，还有张爱玲十分喜欢的故事书。

这些，都让8岁的张爱玲和7岁的弟弟感到无比开心。那时，张爱玲很喜欢躲在一角，看着母亲与一个胖伯母并坐在钢琴凳上，模仿电影里的情节表演谈恋爱，然后双双大笑、打滚。她甚至曾兴奋地给天津的一个玩伴写信，讲述自己的新居室、新生活，满满的3页纸，还画了图画。

幸福，原来就是这样。

这时的张爱玲已经长大了一些，她能够与母亲有着一样的感受。她会靠在门框上，听母亲坐在抽水马桶上读老舍的《二马》，听到二马父子因为文化差异而闹出的笑话时，她会和母亲一起笑。这样的笑是伴有亲情温暖的，烙在心底，无法抹去。即使后来张爱玲确实怨恨母亲，但也从未忘却这段快乐的时光。以致张爱玲觉得《二马》是老舍最好的作品，她最喜欢，尽管老舍后来的《离婚》《火车》都比《二马》好得多。

幸福的时光终会被残酷的现实击败。张廷重赶走了所谓的姨太太，也暂时戒除了那可恶的鸦片。可是，几年的游学经历带给黄素琼的西方现代文明的生活和思想方式，在触及依旧顽固如初的封建礼教时，冲突和矛盾便又不可避免地爆发了，且愈演愈烈。

懦弱的张廷重只能又一次钻入袅袅的烟雾中，营造属于自己的海市蜃楼而且无法自拔。这一次，黄素琼真的失望了，骨子里的决绝帮助她做出了最终的决定——离婚。

张廷重能读懂黄素琼的心思，她的倔强使他明白，他们之间已经无法挽回了。他一度尝试逼迫黄素琼将钱财拿出来供他享受，想借此来磨耗掉她出去的资本。然而，他还是错了。他的做法只会让黄素琼对他更加深恶痛绝。

面对黄素琼请来的外国律师，张廷重犹豫不决，一遍一遍地拿起笔，又一遍一遍地放回桌面。见此情景，外国律师亦不免动容，轻声询问黄素琼是否要改变心意。黄素琼和缓地说："我的心意已经像一块木头。"

木已成舟，一切都无法挽回！

他们达成协议，张爱玲和弟弟归父亲抚养，但张爱玲日后的教育问题——要上什么学校、接受什么样的教育都需要先征求母亲的同意，教育费用由父亲负担。张爱玲与张子静可以经常探望母亲。

父亲和母亲，他们终于像蒲公英的种子与枝干一样，在一阵风吹过后，不可逆转地分开了，无法复合。

5. 童年的消失

父母亲离婚的那一年，张爱玲刚好 10 岁。那一年，张爱玲的世界发生了两件大事：一件就是父亲和母亲离婚了，另一件就是母亲千辛万苦地为她争取到了入学读书的机会。

在孩子的教育问题上，协议中特别指出，张爱玲日后要上什么学校，都要先征求她母亲的意见。因此，虽然母亲从家中搬走了，但也保留了对张爱玲教育问题的话语权。协议里还有一个条款给张爱玲打开了一扇寻找温情的门——可以常去看望母亲。母亲那里有一起搬离的姑姑。也许就是因为有这样的条款，张爱玲后来回忆说：“即使她没问我，我也会同意的。”

1930年，母亲像拐卖人口一样地拖着张爱玲，将她带去了黄氏小学。报名时，母亲觉得“张煐”这个名字不响亮，但一时又想不到好的名字，只得先以“爱玲”代替，待日后想好了再改。没想到“张爱玲”这个名字她用了一辈子。顶着这样一个名字，张爱玲本人并不满意，但终究应承了下来，因为“我愿意保留我的俗不可耐的名字，向我自己作为一种警告，设法除去一般知书识字的人咬文嚼字的积习，从柴米油盐、肥皂、水与太阳中去找寻实际的人生”。

因为天资聪颖，加上小时候父亲偶尔的指点，一入学，10岁的张爱玲就进了六年级插班。

进了黄氏小学，张爱玲没有放弃学习钢琴。向母亲、姑姑学习弹钢琴，是她当时最喜欢的事情。姑姑练琴的时候，“伸出很小的手，手腕紧匝着绒线衫的窄袖子，大红绒线里绞着细银丝”，使张爱玲感觉很优雅。还有母亲的衣服，“她的衣服是秋天的落叶的淡赭，肩上垂着淡赭的花球，永远有飘堕的姿势”。

母亲发现了张爱玲对钢琴的喜爱，为了培养她成为一个音乐家，便将她送去了一个白俄罗斯老太太家里，专门学钢琴。

1931年，张爱玲顺利从黄氏小学毕业，进入圣玛利亚女校学习。

母亲对张爱玲寄予了很大的期望。她希望自己的女儿能够实现自己没能实现的，成就自己无法成就的。她似乎只能接受一个够得上淑女标准的女儿，给张爱玲两年的时间“适应环境”。“她教我煮饭；用肥皂粉洗衣；练习行路的姿势；看人的眼色；点灯后记得拉上窗帘；照镜子研究面部神态；如果没有幽默天才，千万别说笑话。”诸多的不满意如同沾在新衣上的污渍，非得洗干净才舒服。

如歌的日子里，按照黄素琼的安排，张爱玲一步一步向现代欧式淑女的目标迈进。

张爱玲内心里藏着那一件一直不愿示人的事，便是母亲又要离开了，而且，这次是长久的离开。

黄素琼的离开对于张爱玲来说是无法接受的。临别时，黄素琼去圣玛利亚女校看张爱玲。那天的情景深刻地印在张爱玲的脑子里，一辈子也无法忘却，甚至每个细节都那么清楚。

不久我母亲动身到法国去，我在学校里住读，她来看我，我没有任何惜别的表示，她也像是很高兴，事情可以这样光滑无痕迹地度过，一点麻烦也没有，可是我知道她在那里想：“下一代的人，心真狠呀！”一直等她出了校门，我在校园里隔着高大的松杉远远望着那关闭了的红铁门，还是漠然，但渐渐地觉得这种情形下眼泪的需要，于是眼泪来了，在寒风中大声抽噎着，哭给自己看。

那一刻，母亲是那么陌生。青春期的少女本来就敏感多思，虽然按照母亲的要求，走欧式淑女路线是痛苦的，她也怨恨过母亲，甚至也知道母亲与父亲的婚姻终归是保不住的，但她还是努力迎合母亲。她的小小的少女的心思，是那么细腻，她不愿母亲离开自己，她甚至能想到，这一次母亲的离开是永久的，再不会回到这个家了。

张爱玲在心里也是怨恨父亲的。她后来曾这样评说："最可厌的人，如果你细加研究，结果总发现他不过是个可怜人。"所以，在与母亲的离开相比较之后，张爱玲最终还是轻易地原谅了父亲，因为她从未对他抱有太多的期待。而对于母亲，张爱玲曾那么崇拜她、艳羡她，以她为榜样。如今，母亲却轻易地离开了，这让张爱玲的生活一下子失去了目标、失去了方向，内心的苦楚和痛无处诉说，这成了张爱玲一辈子的阴影。

父亲和母亲离婚了，张爱玲的童年也随之结束了。

有人说，张爱玲的童年和少年生活，在她的心中留下毒瘤一样的暗疾，就像一棵树苗上的伤痕，会随着树的长高而慢慢扩展，变成一生的隐疾。

多年后，张爱玲做过一个雨夜回香港的梦。

船到的时候是深夜，而且下大雨。我狼狈地拎着箱子上山，管理宿舍的天主教尼僧，我又不敢惊醒她们，只得在黑漆漆的门洞子里过夜。（也不知为什么我要把自己刻画得这么可怜，她们何至于这样地苛待我?）风向一变，冷雨大点大点扫进来，我把一双脚直缩直缩，还是没处躲。忽然听见汽车喇叭响，来了阔客，一个施主太太带了女儿，才考进大学，以后要住读的。汽车夫砰砰拍门，宿舍里顿时灯火辉煌。我趁乱向里一钻，看见舍监，我像见晚娘似的，赔笑上前……

第二天，她讲给姑姑听时，她“一面说，渐渐涨红了脸，满眼含泪；后来在电话上告诉了一个朋友，又哭了；在一封信里提到这个梦，写到这里又哭了”。

梦里的情境，是她在现实里深入骨髓的不安全感——无家可归。不管到哪里，总觉得寄人篱下。她感到自己被抛弃了，而抛弃自己的，竟是自己最亲的人。有时候，哭是一种宣泄，而她已经不能在父亲和母亲面前流泪了，只能当着姑姑的面哭，只能对着电话中的朋友伤感地哭，给朋友写信时黯然地流泪。她是那么无助，那么孤独。

此后，张爱玲更加敏感，变得愈发多疑和内敛，几乎把自己封闭起来。后来，由于孤独与寂寞的时间长了，张爱玲痛苦不堪，但也可以从中获得一些灵感，找到些许慰藉。

张爱玲感觉学校里的生活愈发枯燥而无趣，她经常闷闷不乐，有时连作业都懒得写。直到老师查收时，她只是淡淡地说忘了。幸好，老师是通情达理的，了解她家里的状况。以至于后来同学们在遇到有人问起张爱玲的生活时，常常会夸张地模仿，“哦，爱玲，我忘啦”，以此来取笑张爱玲。

在张爱玲圣玛利亚女校的同班同学俞秀莲的记忆中，像张爱玲这种家世的学生是比较卑微的，“她瘦得一塌糊涂，也不好看。人很文气，基本不理睬我们，我们也跟她皮不到一块去……她的话很少，也没什么谈得来的朋友。整天很用功，经常在写东西，功课很好，老师也很喜欢她”。

在那时，也许只有写东西是张爱玲聊以自慰的方式，用这样一种独特的方式倾诉内心的苦楚。在文字中，她自己向自己倾诉，沉醉在自己营造的世界中。

6. 再婚的父亲

黄素琼的离开让张廷重的生活一下子缺少了很多东西。他哪是一个耐得住寂寞的人，即使万般无趣，他也一定要搅出一些涟漪。

据说是经某位表姑父的介绍，张廷重又在日商银行谋得了一份工作，给买办孙景阳做助手，帮助其处理来往的英文信件。由于他精通英语，又做过秘书，所以很快就赢得了孙景阳的欣赏。

孙景阳有一个妹妹叫孙用蕃，因年轻时经历过一次失恋，便喜欢整日沉醉在“阿芙蓉”的温柔乡里，导致 36 岁仍然独身一人。得知张廷重离婚，孙景阳便极力撮合妹妹与张廷重。

孙景阳兄妹的父亲孙宝琦，是前清山东巡抚，后历任徐世昌政府外交总长代理总理、曹锟政府内阁总理。因此，孙家的地位可想而知。对于这门婚事，张廷重自然喜不自胜。

而张爱玲听到这个消息，心里恨透了。她想："无论如何不能让这件事发生。如果那女人就在眼前，伏在铁栏杆上，我必定把她从阳台上推下去，一了百了。"

孙用蕃与张廷重倒般配得很，同是前清遗少，又有着相同的爱好——二人都对"阿芙蓉"爱不释手。丰厚的嫁妆让二人可以高枕无忧地躺在烟床上。如果没有什么变化的话，可以你抽一口，我抽一口，过完后半生，全然不顾袅袅的乌烟外那个14 岁少女厌恶的眼神。

这个女人趾高气扬地进门后，便搬去了张家的老宅子——上海公共租界的张家公馆。因为那是李鸿章赠予爱女的房子，住在那里无疑可以让世人知晓她嫁的是李鸿章的后人。

生活总是这样，自顾自地转着，就像纺纱的棉车，只管将老妇人手中一大团乱糟糟的棉花牵引着，一圈一圈地转着。纵使出现明显的不顺畅的棉疙瘩，转的时间久了，那棉疙瘩也总会被遮住。因此，乍一看，那线轴倒也滑溜溜的，了无疙瘩痕迹。

对于张爱玲来说，回到出生时住的那幢房子是一段阴郁而苦难的日子的开始。这幢房子，注定要在张爱玲的生命里结下那不顺畅的棉疙瘩，而她只能发出"有太阳的地方使人瞌睡，阴暗的地方有古墓的清凉"的牢骚。

后母的修养与张爱玲的出身背景显然差别太大。"有一个时期在继母治下生活着，拣她穿剩的衣服穿，永远不能忘记一件黯红的薄棉袍，碎牛肉的颜色，穿不完地穿着，就像浑身都生了冻疮；冬天已经过去了，还留着冻疮的疤——是那样的憎恶与羞耻。”自此，这件带有大户气息的黯红的薄棉袍，带给张爱玲浑身脓烂的痛楚、留存大半辈子的深刻记忆。

自尊心极强的张爱玲在后母的言行中感受到的不光是羞辱，还有无尽的痛和恨。

一次，全家人正坐在一起吃饭，因为一点小事，父亲大发脾气，打了张子静一记耳光，响亮而轻快，毫无怜惜。弟弟身子瞬间像木偶般，原本没有血色的脸更加苍白，接着泛起一丝红晕。然而，弟弟什么也没说，不多时就恢复了正常，只是低着头继续扒饭，习以为常似的。

可是，张爱玲被大大地震撼了。她觉得父亲的那一巴掌是打在自己心上，连她呼吸的能力也一并收去了。她的手指冰凉，头也嗡嗡作响，连忙把脸埋进了碗里，委屈和愤恨的泪水一滴滴落下，悉数砸在了碗里。

此时，后母的嘲笑和奚落轻飘飘却又清清楚楚地钻入了耳里：“咦！你哭什么？又不是说你！”尖刻而冰冷。后母不依不饶道：“他没哭，你倒哭了！”

张爱玲再也忍不住了，丢下手中的碗和筷子，起身冲进浴室，然后把门闩狠狠地插上，站在镜子前，任由泪水肆意地流下，无声地抽泣着。透过朦胧的眼帘，镜中的自己是那么无助。父亲的凉薄、弟弟的麻木与孱弱、后母的无耻与卑劣，还有母亲的决绝离去，所有的一切都在镜中一幕幕地轮换着，快速地旋转着。她清楚地感受到了自己内心的恨。

一只皮球撞到了浴室的玻璃上，然后又弹了回去，弟弟玩得不亦乐乎，已经忘了刚才所受到的屈辱。她没有再哭，只感到从脚底瞬间蹿上来的凉意。

之前，张爱玲的母亲在历经 4 年多的西洋生活后，再次回到了国内，与张爱玲的姑姑住在一起。母亲想带张爱玲出国，但苦于经费不足，想让张廷重来出资。于是，黄素琼、张茂渊几番劝说，希望张廷重同意送张爱玲出国。可是，他怎么可能同意呢？即使他能勉强答应，后母孙用蕃也绝不会答应的。

在他们看来，“阿芙蓉”的开销是必需的，旧车换新车的钱是必需的，而女儿出国的学费是绝不能花的。

母亲的努力最终换来的是后母的极力挖苦：“你母亲离了婚还要干涉你们家的事。既然放不下这里，为什么不回来？可惜迟了一步，回来只好做姨太太！”张爱玲无法与尖酸的后母辩驳，借口炮声终夜不断、睡不着，找父亲商量去姑姑那里住几天。碍于面子，也知道那里还有她的母亲，父亲没有过分阻拦，张爱玲像是得了大赦，她急匆匆逃往母亲与姑姑的住处。然而她忘了，现在的父亲是依赖后母生活的，她应该向后母请示，得到她的准许，这才是最重要的。她无意或故意地忘了。

两个星期后，当她从母亲与姑姑的住处回来时，后母就问：“怎么你走了也不在我跟前说一声？”

“我向父亲说过了。”她觉得后母多事，无奈地回答。

后母勃然大怒：“噢，对父亲说了！你眼睛里哪儿还有我呢！”

没等张爱玲反应过来，脆脆的一记耳光已经落在了她的脸上。她本能地要还手。也许她以为这是她报仇的时刻，她可以借此来抚平她以前所受到的伤害。可惜，她被仆人拉住了。

孙用蕃一路叫嚣着，向楼上狂奔：“她打我！她打我！”于是，不问青红皂白的父亲便一把揪住张爱玲，一顿拳打脚踢。

在这一刹那间，一切都变得非常明晰，下着百叶窗的暗沉沉的餐室，饭已经开上桌了，没有金鱼的金鱼缸，白瓷缸上细细描出橙红的鱼藻。我父亲趿着拖鞋，啪嗒啪嗒冲下楼来。揪住我，拳足交加，吼道：“你还打人！你打人我就打你！今天非打死你不可！”我觉得我的头偏到这一边，又偏到那一边，无数次，耳朵也震聋了。我坐在地上，躺在地上了，他还揪住我的头发一阵踢。终于被人拉开……

此刻的张爱玲，心里是清楚的，她想起了母亲的话：“万一他打你，不要还手，不然，说出去总是你的错。”所以，她放弃了抵抗的想法。

此时，何干及时扮演了母亲的角色，不顾一切地拉开了仍在暴怒之中的张廷重。张爱玲怕是也没想到整日沉浸在“阿芙蓉”袅袅青烟中的父亲竟然也有如此野蛮暴虐的一面。

不知何时，暴怒的狮子离开了。张爱玲慢慢地爬了起来，无暇顾及身上的灰尘，径直走进了浴室。镜子里的自己，身上的伤、脸上的红指印触目惊心，她委屈极了，心开始渐渐地变冷。

此时，我们没有必要怀疑《不幸的她》里少年老成的深刻文字“我不忍看了你的快乐，更形成我的凄清！别了！人生聚散，本是常事，无论怎样，我们总有藏着泪珠撒手的一日”是有感而发了。

7. 逃离樊笼

张爱玲曾说：“看过太多的关于后母的小说，万万没想到会应在我身上。”孙用蕃用她的表现淋漓尽致地诠释了现实生活中后母的形象与小说中的没有两样。

其实，年轻时的孙用蕃也曾轰轰烈烈地爱过。她曾与自己的一位表哥相爱，但因为彼此家境悬殊而遭到家人的反对。于是，她与表哥相约服毒殉情。结果事到临头，表哥害怕了，通知她的家人将她接了回去。

从此，孙用蕃性情大变，终日如行尸走肉般，结交风月，吞吐“阿芙蓉”，脾气越来越暴躁。直到父亲死后，哥哥将其嫁给了张廷重。张子静日后谈及孙用蕃时，也说出了些柔软之语——“后母三十六岁才结婚，一嫁到我家就要做两个十几岁孩子的母亲，本来就是很棘手的”。

然而张爱玲对这位后母的出现是从心里抵触的。但即便如此，最初张爱玲还是对后母以礼相待，和平相处。一天，孙用蕃在张廷重的书房里发现了一篇张爱玲的作文——《后母的心》——将一个后母的处境和心理刻画得入情入理、让人感动。对此，张廷重很清楚，这不过是女儿的一篇练习作文，里面的情境与人物都是虚构的，并非指向孙用蕃。但孙用蕃认真了，她很高兴，逢人便将这篇习作拿来展示，夸奖张爱玲十分懂事。

可是，少女对后母的抵抗是天生的。孙用蕃花费的一番心思在豆蔻年华的张爱玲看来“是那样的憎恶与羞耻”。

1934 年夏，电影《渔光曲》热映。一日，张爱玲兴起，决定教后母的丫鬟小胖学唱《渔光曲》的主题歌。张爱玲一边弹琴一边教唱，可惜，小胖天资愚钝，一个上午连前两句都没有学会。她们的歌声把张廷重与孙用蕃吵醒了。父亲大怒，将小胖大骂了一顿并严令张爱玲以后不许上午练琴。张爱玲本就不多的乐趣又被禁止了一项，她便自然地将这笔账记到了孙用蕃的头上。之后，张爱玲与后母愈发地疏远。感觉张爱玲愈发不把自己放在眼里，孙用蕃便试图寻找机会出这口恶气。

机会终于来了。

眼见张廷重将张爱玲打得死去活来，孙用蕃并没有解气。孙用蕃生气于张爱玲竟然顶撞自己，更生气自己对继女已经这么好了，她还暗地里与生母来往，完全没有把自己放在眼里。看到张廷重似乎也没有解气，她便怂恿张廷重把张爱玲关了起来。

年轻的少女终于意识到了，自己不知不觉已经深陷囹圄。她试着撒泼，使劲踢那扇铁门，却是徒劳。反而让父亲发觉了她要逃跑的想法，便更加恼怒，顺手抄起一只大花瓶，狠狠地砸向了她的额头。那一刻，父亲将满腹的连带对她母亲的恨意统统发泄到她的身上，看着满地的碎片，张爱玲的恨意亦是揣了满满一怀。

她觉得，她与他之间已经没有父女缘分了，她甚至恨起了血管里流淌的红色液体。在听到何干惴惴地问出："你怎么会弄到这样的呢?"她再也压制不住满腔的恨意与委屈，"气涌如山地哭起来"。

张爱玲就这样被关了起来。

乳母何干偷偷地给张爱玲的舅舅打了求助电话。舅舅是同姑姑一道来的，他们是来劝张廷重放掉张爱玲的。

谁知，迎接他们的却是孙用蕃的冷嘲热讽和张廷重的暴跳如雷。

一见张茂渊，孙用蕃便不失时机地冷笑道："是来捉鸦片的吗?"

这句话一下子戳到了张廷重的痛处，他从烟床上猛地跳起来，拿起手中的翡翠烟枪劈头盖脸地朝亲妹妹打去。一样的拳打脚踢、暴跳如雷，张茂渊毫不犹豫地应战，为了侄女，为了自己，也为了张家，但一个女子的力气哪能与男子相抗衡?落败了的张茂渊被送进了医院，并发誓再也不登门。

这样大的响动，张爱玲肯定是听得见的。再加上何干事后的描述，年轻的张爱玲内心的反叛又一次被激发出来。何干似乎看出了什么，急忙劝道：“千万不可以走出这扇门呀！出去了就回不来了。”

这已是无用的劝解了。《三剑客》与《基督山伯爵》齐刷刷地钻了出来，《九尾龟》也钻了出来，她要学习那里面的恋人，用打了结的绳子，顺绳而下，逃出生天。她甚至想到了如何避免惊动楼下鹅棚里的两只鹅，还想到了要每天做健身操，好储备体力。

由于终日郁闷，长期的营养不良加上不间断地跳健身操，张爱玲病倒了，很重——她患了严重的痢疾。

而父亲与后母商量好了，坚决不给她请医生，也不给她用药。

病势愈发沉重，以致她“差一点死了”。

何干再也看不下去了，她找到了张廷重，告诉他，如果他撒手不管，出了事情的话，那就是他的不负责任导致的。

这个聪明的老妇人，以一席激将之语，将被猪油蒙了心智的张廷重惊醒了。他再不敢耽搁，不能再被孙用蕃牵着鼻子，他要暂时从那“阿芙蓉”的温暖乡之中抽身出来。女儿要是有个三长两短，他将背负起“恶父”的名声。为了自己的声誉，他开始背着孙用蕃给张爱玲用消炎药，何干也每天精心地照顾着。没过多久，消炎药果然起了作用，张爱玲痊愈了。

晚年的张子静说：“何干给我父亲的忠告，是真正地立了一大功。如果没有何干这个关键性建言，中国的文坛也许就没有‘张爱玲’了。”

秋尽冬来。

张爱玲还被囚禁在那间房子里。她的体力已经不允许她再练习健身操了。她不得不躺在床上，看那青灰色的天。“也不知道现在是哪一朝、哪一代……朦胧地生在这所房子里，也朦胧地死在这里么？死了就在园子里埋了。”也许是想到了死亡，对生的渴望让她变得坚定了起来。

待身体好转了些，张爱玲又开始准备，她向何干打听了两个看守换班的时间。无论如何，她要逃出去。

上海的冬天湿冷湿冷的。一天晚上，这个少女先是伏在窗口，用望远镜观察好了四周的情况，待街上空无一人，她便一步一步地摸到门边，拔出门栓，随着一声闷响，拉开了厚重的大铁门，然后，她闪身出去——当真就立在人行道上了！

她终于逃出来了！

街上，没有风，只有农历年临近的沉沉的、湿湿的寒冷。借着昏黄的街灯，她回头望了望囚禁自己的那幢房子，她知道，她再也不会回来了。

这幢她出生于此的豪宅带给她的磨难终于画上了句号。

“劫后余生”的张爱玲想起了母亲曾托何干传给自己的话——“你仔细想一想。跟父亲，自然是有钱的，跟了我，可是一个钱都没有，你要吃得了这个苦，没有反悔的。”

旋即，重获自由的张爱玲挺起胸膛，“在街沿急急走着，每一脚踏在地上都是一个响亮的吻”！

张爱玲逃出父亲家后不久，就将她被软禁的事用英文写出来，投稿到《大美晚报》进行发表。当时的编辑还给她拟了一个很耸动的标题：*What a life*！*What a girl's life*！这是张爱玲第一次发表文章。张廷重订阅了这家报纸，看到这篇文章后大动肝火。1944年，张爱玲发表了《私语》，重提此事，父亲张廷重已无法生气，只有难堪与矛盾。

此后，张爱玲再也没有回到父亲身边生活。直到晚年以文字体谅父亲之前，她仍努力地对父亲进行着反击。

与父亲的亲情似乎在此刻中断了。那一场磨难，于张爱玲来说是一个巨大的转折，对她的影响，恐怕连她自己都说不清楚。以至于父亲在临近去世时，让弟弟去找她，想见她一面，也被她冷冷拒绝了。在她后来的作品中，对亲情的描写也多是冷漠、自私，扭曲且缺乏温度的。

8. 难堪的爱

最彻骨的伤害，是以爱之名，用温水煮青蛙的方式或者再混合着凌厉的攻势向你袭来。这种混着痛苦的煎熬，会让你分不清什么是爱，什么是伤害。

逃出了张家公馆，面对着上海这座冰冷的城市，张爱玲愿意去且能去的地方只有一个，那就是母亲与姑姑一同居住的地方。

1936年，当母亲从欧洲再次归国时，随同她一起来的还有她的美国男友——维基斯托夫。听名字，像是斯拉夫人。总之，母亲有了新的归宿。

母亲从娘家分得的遗产，多数是珠宝与古董。这些在去欧洲时花掉了不少，而1928年回国与张廷重重归于好后，又被张廷重逼出了许多，剩下的已寥寥无几了。

此时，姑姑的股票遭遇熊市，不得不将汽车卖了，司机也辞了，只雇了一位男佣，一周来3次。妈妈与姑姑的日子也陷入了窘境。

张爱玲的心思敏感而细腻，她暗暗地自责：不该来拖累母亲。

或许是看到了能将女儿拢在身边的希望，或许是心疼女儿在张廷重处所受的委屈，最初的黄素琼是慈爱的。她继续坚持着之前对张爱玲的培养方式，她想让女儿接受西方高等教育。于是，她专门给女儿请来了补习数学的犹太裔英国人，还让她去参加伦敦大学远东区的考试。

这样的生活没过多久。钱，母女间关系的这个搅局者，渐渐露出了它的狰狞面目，再一次打碎了母慈子孝、家庭和谐的美梦。

此时，母亲的愿望、少女的心思已然越行越远，最后变成两条平行线。母亲的钱并不多，却宁愿花费高价聘请老师培养淑女，而女儿却为了实现内心里的小小欲望，时时向母亲要钱。

起初，母亲也不愿辜负了少女的心思，然而，渐渐地，经济的逐渐趋紧让母亲感到力不从心。

问母亲要钱，起初是亲切有味的事……可是后来，在她的窘境中三天两天伸手问她拿钱，为她的脾气磨难着，为自己的忘恩负义磨难着，那些琐屑的难堪，一点点地毁了我的爱。

敏感少女的自尊心感受到了一次次的难堪。这种难堪不仅在于向母亲要钱而不得，亦在于其他的种种。

同母亲的这次长时间相处的感觉与童年时期是不一样的。几年的国外生活，已经在母亲的身上留下了深深的烙印，她已经不知不觉地变成了“西方洋化的美妇人”，举手投足间皆是西洋风度。她多么渴望自己的女儿能成为一个自由的、独立的、有见识的西式淑女。

而这样的要求于此时的张爱玲是多么不合时宜。母亲在国外生活的日子里，张爱玲却在经历着父亲的风月场、孤独的生活和恶毒后母孙用蕃，时时陪伴在身旁的只有自小带她的保姆何干。这样的生活经历如何能让一个前清遗少的女儿轻易地蜕变成母亲心中的西式淑女呢?

我发现我不会削苹果。经过艰苦的努力我才学会补袜子。我怕上理发店，怕见客，怕给裁缝试衣裳。许多人尝试过教我织绒线，可是没有一个成功。在一间房里住了两年，问我电铃在哪儿我还茫然。我天天乘黄包车上医院去打针，接连三个月，仍然不认识那条路。

客观来说，此时的黄素琼身为母亲是尽责的，虽然自己有了新的归宿和新的生活，但在女儿的教育问题上，依然毫不松懈，甚至还亲自教她最基本的生活技能，将自己的所得倾囊相授。

母亲两年的精心培养，“除了使我的思想失去均衡外，我母亲的沉痛警告没有给我任何的影响”。

母亲的耐心在女儿的愚笨面前显得有些力不从心，她终于说出了那一句——“我懊悔从前小心看护你的伤寒症……我宁愿看你死，也不愿看你活着使你自己处处受痛苦。”

事实上，张爱玲也是痛苦的，痛苦万分，她觉得她变不成淑女，却又不想让母亲失望。

母亲渐渐地变得心灰意冷，由“慈母”变成了“严母”。女儿无法适应母亲的变化，可是她已经与父亲诀别了，倘若再被母亲嫌弃，她将何去何从？倔强的她不愿承认自己是失败的，可现实的挫败又让敏感的她感到自卑。她愈发痛苦，甚至绝望。

于是，公寓的阳台成了她躲避俗世与母亲教导的最好去处，她越来越喜欢在那里独处。她不明白为什么母亲看不到自己的一些长处。

张爱玲仿佛走进了一条死胡同，钻进了自己的逻辑里，难以自拔。

此时，张爱玲的愚钝与母亲的期望已经演变成了一种难以调和的矛盾，再加上后来每每找母亲要钱时，母亲愈发不痛快，甚至会责备她。张爱玲那少女的胸膛里便生出了“这时候，母亲的家不复是柔和的了”的感叹。

母亲的情感里已经有了另外的东西——生分。

父亲张廷重曾因女儿出走而幡然醒悟，弟弟张子静的日子也因此好转了一些。可是，终究敌不过孙用蕃的鼓噪与“阿芙蓉”的诱惑，这种好日子没过多久，弟弟也开始思忖着逃到母亲那里。

那一年，在用旧报纸将篮球鞋悄悄包好后，弟弟张子静穿着脏兮兮的衣服离开家，跑到了母亲与姑姑的住处。看到张子静时，张爱玲与母亲的心里不约而同地荡起了异样的涟漪。姐姐自是疼爱弟弟的，张爱玲又惊喜又忐忑，忙不迭地问道：“你怎么来了？”

弟弟在一阵阵的抽泣中讲述着父亲如何打自己，后母又是如何冷眼旁观的，甚至还会在一旁拱火。张爱玲明白弟弟说的都是真的，因为这些也是她所经历过的，所以，当弟弟提出也想来与母亲同住时，她便立刻帮弟弟求情，但是，她深知母亲的态度会是什么样的。

果不其然，母亲很平静地和弟弟描述了处境，坦陈自己的状况只负担姐姐就已经很困难了。何况根据离婚协议，姐弟二人的生活费与学费本应由父亲承担，但张爱玲逃出后，父亲就没出过钱。所以，自己已经无力再抚养弟弟了。

看着弟弟落寞离去的背影，想想母亲对自己的要求与期望，张爱玲的心中复杂极了。她痛苦，她甚至开始了下一场逃离的准备。

第二章　沪港纪事

每个人的成长都要经历一些岁月的洗礼，张爱玲也一样。她出生的年代就注定了她不平坦的人生；她冷漠孤傲的性格造就了她在文学上的成就。她的追求、她的不屈服，注定了她要有自己的人生。或许有些路并不是她自己想要的，但是她又不得不让自己在屈服与抗争中寻求一种平衡，让自己得以在喘息中寻找平衡。

1. 锋芒初露

1936年9月，16岁的张爱玲升入了高三毕业班。这一年，学校为她们换了一位国文老师，名叫汪宏声。他的出现，使张爱玲的人生有了转折，从某一个角度讲，是他成就了张爱玲。

汪宏声，浙江吴兴人，1930年毕业于上海光华大学教育系。他是一名翻译家，曾翻译过美国小说家奥尔科特的长篇小说三部曲《好妻子》《小妇人》《小男儿》。这三部曲均收入钱公侠主编的《世界文学名著》。他还曾以沈佩秋的笔名翻译了王尔德的《莎乐美》、易卜生的《娜拉》、果戈理的《巡按》，均收入钱公侠、谢炳文主编的《世界戏剧名著》。1936年9月，他出任上海圣玛利亚女校国文部主任。

张爱玲的拥护者乃至中国现代文学史都应该感谢汪宏声先生。因为张爱玲的成功除了她自身的努力，也不能忽略汪先生对张爱玲写作的“点拨和推波助澜”之功，更抹不掉汪先生对张爱玲写作天赋的发现与推荐之功。

张爱玲就读的圣玛利亚女校是除圣约翰大学之外，上海的另一所美国基督教教会学校，师生们亲切地称它为“圣校”。学校的课程分为英文部和中文部。英文部全部采用英语授课，设置了英语、数学、西洋史、物理、地理和《圣经》研读等课程；中文部仅设置国文、国史和中国地理三门课程。其中初中部的老师多为师范毕业的中国女性，高中部的老师多为科举出身的前清遗老。

在相当长一段时间里，圣玛利亚女校都不重视国文教育，而汪宏声的到来，给张爱玲和同学们带来了纯正的国文教育，更是让张爱玲的国文天赋得以锋芒初露。

任教以后，汪先生给出的第一期作文题目是“学艺叙”和“幕前人语”，叫学生任选一题，亦可自由命题，且体裁不限，自由发挥。学生们觉得很新奇，甚至有些手足无措。待作文收上来后，“成绩果是意料中的糟极”。在一众逻辑不通、文理不通、语言混乱、七拼八凑出来的二三百字小文中，仅有的一篇自由命题的文卷引起了汪先生的注意，题曰《看云》，文笔很精彩。这篇《看云》“写来神情潇洒，辞藻瑰丽，可是别字很多，仿佛祖、祈等应该从示的字都写成从衣，从竹的写成从草之类”。这篇文章就是出自张爱玲的笔下。

如获至宝的汪先生在课堂上表扬了张爱玲，并当众朗读。趁热打铁，汪先生在班上做了更加细致和具体的指导，果然效果不凡。之后，“学生自己命题的作文渐渐多了，内容与形式都渐渐丰富起来了……可是张爱玲却仍旧保持着她一贯沉默的态度，文章虽然还是绚烂瑰丽的文章，却总是缺少热情”。于是，汪宏声又在课外设立了一个叫国光会的组织，出版了一本32开的小型刊物——《国光》。

原本汪先生是希望由张爱玲来编稿的，可是，“她只愿意投稿”。虽然答应了投稿，却很少见她的文稿。所投的第一篇文稿常为后人津津乐道，汪先生尤为推崇。对于这篇文章，汪先生说：“大概是受了我在课上介绍历史小品之后根据项羽本纪写的，技巧之成熟使全校师生为之吃惊。我在上课时大加赞赏，说爱玲的《霸王别姬》与郭沫若的《楚霸王之死》（应为《楚霸王自杀》）相比较，简直可以说是有过之而无不及。”他还对张爱玲说，“应该好自为之，将来的前途，是未可限量的”。

汪先生给予张爱玲的评价很高，可见其对张爱玲的喜爱和欣赏。

当那叛军的领袖骑着天下闻名的乌骓马一阵暴风似的驰过的时候，江东的八千子弟总能够看到后面跟随着虞姬……十余年来，她以他的壮志为她的壮志，她以他的胜利为她的胜利，他的痛苦为她的痛苦。然而，每逢他睡了……她开始想起她个人的事来了。她怀疑她这样生存在世界上的目标究竟是什么。

十六七岁的张爱玲似乎已学会了站在女性的角度去思考虞姬的人生，用虞姬的角度看项羽的成败，并着眼于她的心理活动，展示了女性在父权社会中失去自我的现状，既自甘受控又不甘受控的对自身价值的反思。这正是张爱玲所经历过的内心挣扎。

《国光》陆续出版，张爱玲的投稿虽然不多，却篇篇是精品。于是，即便那时的张爱玲懒惰至极，内敛至极，却也总能得到汪先生的青睐，得到同学们的认可。对于张爱玲的“啊，我忘了”，同学们也总以插科打诨式的玩笑话加以取笑。张爱玲也是幽默的。她将她的幽默融入文字之中。

一次，《国光》收到了两首不署真实姓名的打油诗，是嘲笑两位男老师的。汪先生看后便说：“我知道是张爱玲。”

鹅黄眼镜翠蓝袍，一步摆来一步摇，
师母裁来衣料省，领头只有半寸高。

夫子善催眠，嘘嘘莫闹喧，
笼袖当堂坐，白眼望青天。

张爱玲以游戏的心态和调侃的笔触小小调侃了一下两位男老师，略有夸张地将他们的老学究习气和老八股之态形象地描绘了出来，诗里诗外尽显妙龄少女的调皮与可爱。

然而，在校规甚严的圣玛利亚女校，这两首打油诗在颇显活泼之余却也捅了马蜂窝。那两位被嘲笑的老师，一位“很随便，看见了一笑置之”，另一位却气愤不已，还告到了校长处。校长请汪先生和《国光》的编者一同商议如下三个解决办法：由汪先生和编者书面道歉，《国光》停刊，不准张爱玲毕业。汪先生为息事宁人，采取了第一个办法。最终，那位告状的老先生也自感太认真，以“算啦！算啦！”了事。汪先生维护张爱玲之心显而易见。

其实，早在12岁时，张爱玲就在圣玛利亚女校的另一份名为《凤藻》的校刊上发表过文章。她在短篇小说《不幸的她》中，以一种超越年龄的成熟笔触描写了一对少女时代的密友，长大之后拥有了截然不同的命运。一个因反抗包办婚姻而孤身漂泊四方，另一个则自由恋爱、结婚并过上了幸福的生活。10年后，两个女孩短暂相聚，不幸的一个在看到对方生活的美满后，悄然离去。

除了小说，张爱玲还在《凤藻》上发表了不少散文，文笔老练、沧桑感十足。其中一篇《迟暮》，字里行间都是在写自己的母亲。

虽然张爱玲向《国光》投稿并不多，所投稿件亦多是在汪先生的催促下所作。但是，相比较而言，汪先生的出现于张爱玲有着不一样的意义，他也是唯一对张爱玲作出正面评价的老师。

这一点，在汪宏声女儿汪垠提供的一段张爱玲的留言中可见一斑：

> 中学时代的先生我最喜欢的一个是汪宏声先生，教授法新颖，人又是非常好的。所以从香港回上海来，我见到老同学就问起汪先生的近况……

“最喜欢”“教授法新颖”“人又是非常好的”，学生对老师的正面评价是对老师的最好酬劳。更何况，这于张爱玲而言是唯一的一次。

2. 港大寻梦

命运的捉弄真是没完没了。

在与母亲的矛盾变得复杂，感受到母亲和姑姑家不再柔和之后，张爱玲便决定继续逃离。她顺从母亲的意愿，参加伦敦大学远东区的入学考试。努力没有白费，她以第一名的成绩顺利通过了考试。

但此时第一次世界大战的爆发，悄无声息地破坏了一个年轻姑娘的自由梦。张爱玲出国留学的期望和梦想再次成了泡影，她在伦敦大学远东区考取的第一名的好成绩，瞬间变得一文不值且毫无意义。这对张爱玲来说，无疑是一次不小的打击。她感觉自己离梦想越来越远。

无论命运如何捉弄，也总有被眷顾的时刻。幸运的是，伦敦大学的入学考试成绩在香港大学是有效的。于是，第二年，张爱玲坐船来到了香港。

离开了母亲，也离开了父亲，初次来到香港大学，张爱玲开始了生命中第一次彻底的自由呼吸。“望过去最触目的便是码头上围列着的巨型广告牌，红的、橘红的、粉红的，倒映在绿油油的海水里，一条条、一抹抹刺激性的犯冲的色素，窜上落下，在水底下厮杀得异常热闹。”这么热闹的所在，到处是忙碌的人们。在这里，她要真正主宰自己的生活，她要像渴了半个世纪的海绵一样去用力吸收所有新鲜的知识。

毕竟是一个涉世未深的19岁少女，她对自己生活的安排一开始就跌跌撞撞。母亲和姑姑担心张爱玲在香港无人照顾，怕她受委屈，便安排了李开第代为接应。

当她提着母亲出洋时用过的旧皮箱走下码头，睁着一双懵懂而又清澈的眼睛瞭望这花花世界时，一个中年男人走过来，礼貌地打着招呼：“我是李开第。”这个男人很谦和，相貌俊朗。

李开第，姑姑的初恋情人。10多年前，张茂渊在开往英国的船上，认识了这位比自己大一岁的年轻男士。他英俊潇洒，才情四溢。很快，他们坠入了情网，携手共享着与蓝天、海洋、轮船和海鸥相伴的明媚日子。然而，他们最终并没有在一起，李开第同与他早有婚约的夏毓智结婚了。

在看到张爱玲不愿多说一句时，李开第便开车将她送往香港大学位于半山腰的校区，一路上向张爱玲介绍着香港。尽管他的介绍很平静，却掩饰不了映入眼帘的实实在在的风景所带给张爱玲的冲击。她感到了从未有过的畅快，她庆幸自己来到了这样一个崭新的天地。此前因知道李开第是母亲委托的人而产生的不快情绪，也在新环境的冲击下暂时化为了乌有。

那时的香港大学坐落在一座法国修道院内，管理学生宿舍的是信奉天主教的修士与修女。母亲黄素琼事先将港大的章程读了好几遍，知道学校的条件尚可，唯缺台灯，便在先施公司给张爱玲买了一盏“乙字式”的小台灯。

好在，除了小台灯与学费，母亲不再“干涉”她了。接下来的学习和生活将由爱玲自己掌控，她真正地获得了自由。

脱离了父母，在追求自由的同时也意味着会碰到之前所不曾遇到的困难。第一个难题就是钱。母亲给的钱始终是不够的，而向母亲要钱时的难堪也让张爱玲不愿再开口。但难堪就是这样的怪东西，不在母亲处出现，还会在其他地方出现。

《小团圆》里，张爱玲以第三人称描述了这样一个细节——“在这橡胶大王子女进的学校里，只有她没有自来水笔，总是一瓶墨水带来带去，非常触目。”

没有钱，张爱玲不敢参加社交活动。她没学跳舞，因为跳舞需要额外置办裙子与皮鞋；她也不愿与同学一同出游，因为旅费也是一笔额外的开销。

一次，舍友周妙儿邀请同学去自家购买的离岛上的豪宅玩。大家商量好，租一艘小轮船，费用平摊，每人大约十多元。张爱玲拒绝同往，她向负责管理她们的修女解释，自己的父母离异，她被迫离家出走，母亲支付学费已十分吃力，因此不想去。修女做不了主，最后竟闹到修道院院长处，以致众人皆知有这么一位贫困生。

颜面尽失对于自尊心极强的张爱玲来说，是件难以忍受的事。好在，她是积极的，将这样的难堪转化为了发奋苦读的动力。

张爱玲的英语，是父母难得共同起作用的领域之一，所以，她的英语在一群英语比中文好的华侨子弟中也并不显落后。即使如此，张爱玲仍然异常努力地学习英语，她甚至能够背下整本弥尔顿的《失乐园》。

3年里，张爱玲几乎不用中文写作，即使是给母亲与姑姑写信也使用英文。姑姑的英文自不必说，她常常节省了一些钱，用粉红色的拷贝纸给张爱玲写信，信里的字是淑女样的。

渐渐地，张爱玲的英文水平已经高到足以成为一项谋生的技能。晚年，张爱玲在美国时，曾得到一位美国教授的评价——英文写作比美国人还地道，更富有文采。

那时，港大文学院的教师与同学几乎没有不知道张爱玲的，因为她每门课程都能考第一名。到了大二，港大文科的两项奖学金都被张爱玲一人斩获。她不仅能拿到数额不菲的奖学金，还能免交学费与膳宿费，甚至还获得了毕业后免费保送牛津大学的机会。一位以严厉著称的英国籍教授曾惊叹于张爱玲的优异成绩——教书几十年，从未见有人考过如此高的分数！

优异的成绩、高额的奖学金以及教授的赞叹都极大地满足了张爱玲的自尊心，她终于扬眉吐气了，她的脚步终于不用那么急匆匆的了，她的笑容也渐渐多了起来，她也能渐渐地融入到同学中去了。

在这里，张爱玲的生命复活了，从父亲的腐朽中复活了，也从向母亲要钱时的难堪中复活了。她获得了自由，生命也因此而灿烂，虽然此时的她不过是一朵不知名的小花——港大半山腰的校园里，那个修道院里，一朵羞涩的、悄无声息地开放着的紫色小花。迎着朝霞，它舒展开来的花瓣上，滴滴露珠正闪耀着熠熠的光芒；晚霞里，它在微风中愉快地摇摆着身姿，在花的海洋中微笑，在修女们静谧的笑容里绽放。

3. 结识挚友

读张爱玲的书，就无法绕开一个人——炎樱。这个“个子生得小而丰满，时时有发胖危险”的女子，是张爱玲一生中最要好的朋友。港大，是她们相识的地方。

初入港大时的张爱玲是孤独、寂寞的，常常无处可去。因为那一次拒绝与同学们一起乘船出游，张爱玲的贫困状态被广为传播。那些来自东南亚富庶家庭的华侨子弟渐渐地自发形成了孤立她的圈子。她的寂寞与孤独便只能隐藏在“乙字式”小台灯和图书馆一本本英文原著里。

她的生活似乎与其他的女孩子泾渭分明，她们的故事是属于她们的，而她的故事里只有她自己和书。她只是在一旁静静地阅读着，内心沉淀的是一层层的自尊与敏感，有时还会有那么一些些刻薄。《谈跳舞》里，张爱玲描述了这样两个与自己年纪相仿的女子。

一个女孩，略有点鲍牙，名字叫金桃，漆黑的脸，来自马来亚。在张爱玲看来，她显然是在娇生惯养中长大的。但张爱玲对马来亚似乎有着天生的抵触与不屑，她总觉得那里是“在蒸闷的野蛮的底子上盖一层小家气的文明”。

金桃学给大家看马来人怎样跳舞的：男女排成两行，摇摆着小步小步走，或是仅只摇摆；女的捏着大手帕子悠然挥洒，唱着："沙扬啊！沙扬啊！"沙扬是爱人的意思；歌声因为单调，更觉得太平而美丽。

张爱玲总觉得金桃身上有股不讨人喜欢的小家子气，因为金桃常常在去看电影的路上看见别的女孩穿了洋装后，要马上返回宿舍也换上洋装。在她看来，金桃的行为"像一床太小的花洋布棉被，盖住了头，盖不住脚"。

还有一个叫月女的女孩，脸上有一种"羞耻伤恸的神情"。张爱玲初见她时，"她刚到香港，在宿舍浴室里洗了澡出来，痱子粉喷香，新换上白底小花的睡衣，胸前挂着小银十字架，含笑鞠躬，非常多礼"。

张爱玲是同情月女的，她觉得月女的"空虚像一间关着的、出了霉虫的白粉墙小房间，而且是阴天的小旅馆"。

这样的女孩子或者是张爱玲不屑于接近的，或者是与张爱玲无法沟通的。当然，还有很多是厌嫌张爱玲的贫困与清高而不愿意接近她的。

好在，炎樱的出现改变了这一切。

炎樱是混血的锡兰（今斯里兰卡）姑娘，父亲是阿拉伯裔的锡兰人，虔诚的伊斯兰教徒，母亲是天津人。炎樱家在上海有一家珠宝店。早年，炎樱的母亲因与父亲交好而遭到家人的反对，后来毅然与家人断了往来。

炎樱的本名是法提玛·摩希甸。炎樱这个名字是张爱玲给她取的。只是，她本人似乎并不太喜欢这个名字，于是改为“莫黛”。张爱玲认为“莫黛”不好，听起来像“麻袋”，于是又改为“貘梦”。不过，张爱玲还是喜欢以炎樱称呼她。

与天生孤傲、孤僻、冷漠的张爱玲相比，炎樱是另外一个世界的女孩子。她机智、勇敢、爽朗，说话干脆利落、语出惊人，与一向寡言少语、不善人际交往的张爱玲形成鲜明对比。张爱玲在《炎樱语录》里记载了许多炎樱的话语。

有人说：“我本来打算周游世界，尤其是想看看撒哈拉沙漠，偏偏现在打仗了。”炎樱说：“不要紧，等他们仗打完了再去。撒哈拉沙漠大约不会给炸光了的。我很乐观。”

中国人有这句话：“三个臭皮匠，凑成一个诸葛亮。”西方有一句相仿佛的谚语：“两个头总比一个好。”炎樱说：“两个头总比一个好——在枕上。”

两个年龄相仿的女孩子有着很多共同的爱好。

闲暇时，她们常常相伴去逛街，然后一起去喝咖啡、吃东西。每次在咖啡厅吃东西，总是炎樱发起关于吃的建议：“吃什么呢?”之后，张爱玲总要苦思一番，然后谨慎而愉快地答复说：“软的，容易消化的，奶油的。”

每一次回答都要经过同样的沉思，而每一次沉思后的结果却都是一致的。接着，服务员便会为两人送上相同的奶油蛋糕，外加一份奶油和一杯热巧克力加奶油，另外还要再加一份奶油。费用是AA制的，却也阻挡不了彼此积极而又幽默的劝诱：“不要再添点什么吗?”仿佛两个人在争着扮演主人去招待来访的客人。

张爱玲自小学习绘画，所以在绘画方面比较擅长。恰好，炎樱也有绘画天赋。为了消磨时光，张爱玲与炎樱常常凑在一起画画，一个构图，一个上色，十分默契。张爱玲后来的小说集《传奇》，初次出版以及出版增订版时，封面都是炎樱设计的。炎樱的设计新巧而灵动，张爱玲很是喜爱。

时装设计也算是两人的共同爱好吧!

在与炎樱的交往中，张爱玲感受到了前所未有的快乐。不仅是快乐，还有朋友间的关心和呵护。

炎樱在香港的朋友很多，她每次去拜访朋友，都会拉上张爱玲同去。张爱玲也因此有机会认识了一位有趣的人物。

一天，炎樱邀请张爱玲看电影。因为囊中羞涩，张爱玲和往常一样推托着不愿前往，但拗不过炎樱的再三劝说，最终还是去了。

电影院在中环，有些古旧。两人刚到，便见一个 50 多岁的男子迎上前来。他身材瘦削，穿了一件并不得体的已经泛黄了的白西装，头发和肤色与西装的颜色一样，显得破旧不堪。乍一看上去，男子像是毛姆小说中流落在远东或南太平洋的白种人，但若仔细看，充满了血丝的麻黄色的大眼睛显露了他的身份——他是个印度人。他是潘那矶先生。

炎樱大方地向他介绍张爱玲：“希望你不介意她陪我来。她是我的同学，叫张爱玲。”潘那矶先生的反应着实让张爱玲与炎樱惊愕不已，他什么也没说，将手中的两张电影票塞到了炎樱手中，转身便要走开。没走几步，忽又想起什么似的，又回来将手中的一个纸包塞给了炎樱，纸包里是两块浸透加糖鸡蛋的煎面包。他没有理会炎樱提出的“我们去补一张票”的建议就走了。回过神后，炎樱不好意思地笑着低声对张爱玲说：“他带的钱只够买两张票。”

电影院里的条件实在不好，看不清也听不见。于是，两人中途就退了场。在回学校的车上，炎樱向张爱玲介绍起了潘那矶先生。原来，潘那矶先生是个帕西人——祖籍波斯、生活在印度的拜火教教徒。他以前生意做得很成功，后来倒了霉。原因是令人意想不到的，潘那矶先生认识了麦唐纳太太。

这位“麦太太”有一堆女儿，非要大女儿宓妮嫁给潘那矶先生。宓妮那时才 15 岁，死活不肯嫁。“麦太太”便骑在女儿身上打，硬逼着女儿嫁了过去。22 岁时，宓妮与潘那矶先生离了婚，还带走了他们的儿子，且不准潘那矶看望。潘那矶先生因时常想念儿子而精神恍惚，无暇顾及生意，便越做越亏，最终成了落魄的失败者。宓妮则不一样，她很年轻，入了洋行，日子越过越好。如今，儿子已经 19 岁了，但保养有方的宓妮在外人看来简直就像是孩子的姐姐。

巧合的是，后来在宓妮请炎樱吃饭时，张爱玲见到了宓妮。那时，宓妮已经再婚了，丈夫是她儿子的一个朋友，小她很多，但三个人生活得很开心。这段现实中的趣闻后来成了张爱玲小说《连环套》里的故事原型。

作为张爱玲的好友，炎樱始终陪伴在她的生命中，温暖着她，张爱玲后来的两次婚姻，炎樱都是见证人。纵使之后她们不经常见面，依然彼此牵挂，彼此关切，彼此祝福。

4. 纠结的天才梦

香港大学，是个靠英语行走的地方，学习要用英语，生活也要用。即便那些教古典文学的老先生，也阻挡不了来自东南亚的华侨子弟们肆无忌惮地使用英语。张爱玲也是如此。

不一样的是，张爱玲并没有丢掉老祖宗的东西。现成的例子，便是她参加了《西风》的征文比赛，写了《我的天才梦》一文。

在《我的天才梦》里，张爱玲将自己的天才与愚笨都展现了，几乎未作隐瞒。她的天赋是具象的，并非海市蜃楼。

张爱玲 3 岁便能背诵唐诗，甚至在背诵“商女不知亡国恨，隔江犹唱后庭花”时，躺在藤椅上的清朝遗老便会“泪珠滚落下来”。这个细节，她在《对照记》中也作了介绍。年少的张爱玲不仅会背诵古诗，还会创作小说，7 岁时，她写了第一部描写家庭悲剧的小说；8 岁时，她写了类似乌托邦的小说《快乐村》。

她创作的小说《快乐村》里的插图也都是出自她自己的笔下——“现在我仍旧保存着我所绘的插图多帧，介绍这种理想社会的服务、建筑、室内装修，包括图书馆、‘演武厅’、巧克力店、屋顶花园。”

除此，张爱玲认为自己“对于色彩、音符、字眼、极为敏感。——当我弹奏钢琴时，我想象那八个音符有不同的个性，穿戴了鲜艳的衣帽携手舞蹈”。9 岁时，她便开始纠结于将来是要当画家还是音乐家。

在这样的纠结中，往往还掺杂着一些微不足道的烦恼。譬如，在使用华美字词时，内心的完美主义与清醒认识之间的矛盾所带来的纠结，还有就是母亲的态度给她一生带来的纠结。

有些纠结是可以一笑而过的，而有些却是跟随一生也无法卸下的包袱。

她一辈子没有放下的，还有凭借《我的天才梦》参加《西风》评奖的经历。

1939 年 9 月 1 日，《西风》在其第 37 期杂志上登载了征文启事——“举凡关于个人值得一记的事，都可发表出来。题目由应征者自定……只要值得记述，都可选作征文题目……字数：五百字以内……”

当时，18 岁的张爱玲写了一篇五百字的《我的天才梦》应征。这篇文章与张爱玲后来的作品相比，虽然不够老辣，但用语精湛，如末尾的一句“生命是一袭华美的袍，爬满了蚤子”，已成人所共知的名言。

据张爱玲回忆，征文寄出后没多久，杂志社就通知她“得了首奖，就像买彩票中了头奖一样”。不曾想到，等到获奖名单公布时，首奖却换了人，她说：“首奖题作《我的妻》，作者姓名我不记得了。我排在末尾，仿佛名义是‘特别奖’，也就等于《西风》所谓‘有荣誉地提及’。”

后来，在《张看》附记里，张爱玲这样写道：“因为字数受限制，所以当初写的时候，只好极力压缩。可是获奖的第一名，字数要多出好几倍。”她愤愤不平，觉得自己是受制于字数而没有发挥出应有的水平，所以仅得了个名誉奖。言语间，从“只好”“极力”等词语的使用来看，张爱玲心中郁结多年的不平仍然无法释怀。

1994 年，《对照记》初版，获得台北《中国时报》的“时报文学特别成就奖”。张爱玲应邀写了获奖感言。张爱玲在这篇名为《忆〈西风〉》的获奖感言中，重提了当年的征文比赛。之所以两次提及此事，显然是因为骄傲的张爱玲认为自己应该得第一名。

张爱玲还指出：“《西风》从来没有片纸只字向我解释。我不过是个大学生。征文结集出版就用我的题目《天才梦》。”张爱玲毫不掩饰自己对此事的耿耿于怀，并直言此事“成了一只神经死了的蛀牙”，隔了近半个世纪还在剥夺她第二次得奖“应有的喜悦”。

即使张爱玲在后来的作品中或与友人聊天时，屡次提起香港的经历，也终未能将这件事忘掉。这再清楚不过地说明，她一直到晚年都对这件事十分“怨愤”。

5. 围城岁月

战争弥漫着硝烟，在隆隆的炮火声中，随处可见流血与杀戮，人们惊慌失措地逃离，充斥着无助的哭泣和冷眼旁观，战争是黑暗的，是阴冷的……除却那些无可避免的自然灾害，战争可以说是人类面临的最恐怖、最可怕的破坏。

1941 年 12 月 7 日，日本偷袭珍珠港，次日，美英对日宣战，太平洋战争爆发，也在同一日，日本取道中国大陆进攻中国香港，随即，香港沦陷。

战争来得太突然，如同一记响雷在天空中骤响，让人在一刹那无所适从。这是张爱玲在港大学习、生活的第三个年头。当轰炸的炮弹从香港的上空落下时，即便以亨利嬷嬷那样平静的语调做掩饰，也无法改变它可憎的面目。

张爱玲看见“地平线上一辆疾驶的汽车爆炸了。接着又是砰砰的几声巨响，从海上飘过来”。

“大学堂打电话来，说日本人在攻香港。”亨利嬷嬷的语调在这恐怖的轰炸声中显得异常平静，平静得让人窒息。

这是一种奇妙的反差。

香港的英国殖民地属性决定了所谓的“港战”不过是走走过场的战争秀而已，目的可能仅仅是为了给人们有个交代罢了。然而持续 10 多天的“港战”，足以成为港人分群的导火索了。

对于那时的香港以及生活在这片土地上的人们来说，日本的轰炸来得太过突然。人们开始自发地分群：有的慌乱，有的悖谬，也有的居然有着探险似的惊喜，还有的“走了”（那时的“走了”，意思是去了重庆国统区）。

苏雷珈，一个来自马来半岛一个偏僻小镇的“西施”，“瘦小，棕黑皮肤，睡沉沉的眼睛与微微外露的白牙。像一般的受过修道院教育的女孩子，她是天真得可耻”。这个学医的姑娘竟然向人们打听“被解剖的尸体穿衣服不穿”，在港大一时被传为笑谈。

日军的一个炸弹掉在了隔壁的宿舍，大家被催促着赶紧下山躲避。在如此紧要关头，苏雷珈居然没有忘记“把她最显焕的衣服整理起来”，丝毫不顾一同避难的同学们的劝阻，依然“在炮火下将那只累赘的大皮箱设法搬运下山”。

谁也想不到，就是这样一个姑娘，却在投入防御工作后，发生了巨大的变化。她“穿着赤铜地绿寿字的织锦缎棉袍蹲在地上劈柴生火”，与男护士混得极好。她同他们共同工作，共同承担风险，偶尔还同大家开开玩笑，人也变得干练了。战争，悄无声息地改变着每个人的命运。张爱玲看在眼里，不禁感慨万分：“战争对于她是很难得的教育。”

来自内地的艾芙林，是一个健康的悲观主义者。她声称自己身经百战、吃苦耐劳。不料，炸弹一来，最先慌张的竟是她。她还歇斯底里地哭喊，给大家讲可怕的战争故事，把其他女同学吓得面无血色。宿舍里的存粮不多了，艾芙林反而比平时吃得多，也劝大家努力地吃，“因为不久便没的吃了”，并不管大家“未尝不想极力撙节，试行配给制度”。吃饱了，艾芙林便坐在一边嘤嘤地哭。到最后，她得了便秘症。

相比之下，炎樱的表现似乎更让张爱玲欣慰。“同学里只有炎樱胆大”，即便身处战火中，炎樱还是做了“仿佛是对众人的恐怖的一种讽嘲”的两件事。她去看了场五彩卡通的电影，然后回到宿舍，独自在楼上洗澡；流弹将浴室的玻璃窗打碎了，她竟还能“在盆里从容地泼水唱歌”。炎樱的这种与众不同，在那个时候倒是一种罕见的超凡脱俗的冷静。

香港投降后，两三天内陆续有人“走了”。他们回到内地，去了战时陪都重庆。也许，他们认为只有去“首都”才是安全的吧。

香港投降是在十几天的“港战”前便能预料到的。因为此时的英国已完全没有必要将过多的精力放在远东的一小块殖民地上，它需要做的是告诉它的臣民，自己是努力的，以免背上可耻的不战之名。

“膏药帝国”的统治者从英国人手中接过了香港，把他们的“膏药旗帜”挂满香港的大街小巷。他们想制造“大东亚共荣圈”繁荣的典范。于是，港人的物质享乐主义有了继续生根发芽的基础。

香港人在战争后，重新发现了吃的喜悦。张爱玲和炎樱两人满大街找冰淇淋，以弥补之前的损失。好不容易找到了一家吃食店，对方答应“明天下午或许有”。第二天，张爱玲与炎樱便步行十来里路到这家吃食店，吃了“一盘昂贵的冰淇淋”，并抱怨“里面吱咯吱咯全是冰屑子”。街上的吃食在很长一段时间里都“为小黄饼所垄断”。之后，“渐渐有试验性质的甜面包、三角饼，形迹可疑的椰子蛋糕”。显然，这样的生意是不错的，以至于后来“所有的学校教员、店伙、律师帮办，全都改行做了饼师”。

除了吃之外，张爱玲终于学会了“怎样以买东西当作一件消遣”，她与炎樱天天以买东西的名义上街逛逛、看看。因为，那时的香港已经十分繁华了——“街上摆满了摊子，卖胭脂，西药，罐头牛羊肉，抢来的西装、绒线衫，蕾丝窗帘，雕花玻璃器皿，整匹的呢绒。”

还有一件事情也可以体现人们的享乐主义。

家在外地的学生没事做，每天除了买菜、烧菜与调情，就是无聊地在污秽的玻璃窗上涂写“家，甜蜜的家”。人们无法忍受这样的“无牵无挂的虚空与绝望”，于是，结婚便成了打发无聊日子的最好选择。

缺乏工作与消遣的人们不得不提早结婚，但看香港报上挨挨挤挤的结婚广告便知道了。学生中结婚的人也有。一般的学生对于人们的真性情素鲜有认识，一旦有机会刮去一点浮皮，看见底下的畏缩，怕痒，可怜又可笑的男人或女人，多半就会爱上他们最初的发现。

张爱玲就亲眼见了一对男女去领结婚证的过程——“男的是医生，在平日也许并不是一个‘善眉善眼’的人，但是他不时地望着他的新娘子，眼里只有近于悲哀的恋恋的神情。”

这样子的恋爱与结婚对那时的港人是“有益无损”的，但是，在张爱玲看来，他们这样做是“自动地限制自己的活动范围，到底是青年的悲剧”。

张爱玲的清醒也并非是彻底的。

休战后，张爱玲到大学堂临时医院做看护。在临时医院收治的病人中，除了少数的普通病人外，大多是被流弹击中的苦力或者被捕时受伤的趁火打劫者。对于这些人，她并没有过多的同情。平时的工作除了“时间特别长”、要“上夜班”之外，也无外乎就是喊上一嗓子“二十三号要屎乒（‘乒’是广东话，英文 Pan 的音译）”之类的。

大多时候，她和其他的同事可以“坐在屏风背后看书”，而且还有消夜吃（是特地送来的牛奶面包）。在那个时候，能够有这样的条件已经是值得庆幸的了。然而张爱玲却生出了“唯一的遗憾”——“病人的死亡，十有八九是在深夜。”

她的冷漠与无情在一个“尻骨生了奇臭的蚀烂症”的病人身上表露到了极致。这个病人痛苦到了极点，整夜都在叫唤：“姑娘啊！姑娘啊！”她不理。他呻吟：“要水。”她告诉他厨房里没有开水，然后走开，而她却“老着脸抱着肥白的牛奶瓶穿过病房往厨下去”。此时病人全都醒了，眼睁睁地望着牛奶瓶，张爱玲心里想“那牛奶瓶在他们眼中是比卷心百合花更为美丽的”。她嫌煮奶的黄铜锅“腻着油垢，工役们用它殿汤，病人用它洗脸”。这个病人死了，她和大家一起“欢欣鼓舞”，将后事交给有经验的职业看护，便缩到了厨房里，吃着同伴用椰子油烘烤的小面包。

说起这件事，张爱玲坦言：“我是一个不负责任的，没良心的看护……我们这些自私的人若无其事地活下去了。”

想来也可以理解。那个时代的人恐怕大都是这样，不得不在现实面前低头，谨守着微不足道的清醒来明哲保身。

因此，当我们看到她说“我们立在摊头上吃滚油煎的萝卜饼，尺来远脚底下就躺着穷人青紫的尸首。上海的冬天也是那样的罢？可是至少不是那么尖锐肯定。香港没有上海有涵养”时，看似难以理解，其实都是那个时代在人们的内心和人性上烙下的印记。

6. 初回上海

香港沦陷后，香港大学变成了临时医院，张爱玲的港大学业与海外求学理想也随之终结，无奈的她不得不选择重新回到上海。

1942 年夏天，张爱玲与炎樱一起回到了她自己以为可以永不再回的上海。三年前，她满怀希望地离开上海时，心里是满满的喜悦和期待。而今，她回来了，怀揣着的，是一个被战争折断的残破的梦和一份对新生活的向往。

三年的香港大学学业戛然而止，张爱玲就像折断了翅膀的鹰，无奈和遗憾自然不必说，但这几年的生活显然将她改变了很多。在姑姑与弟弟的眼中，她变得优雅了，时尚了。

此时的她，长发披肩，高挑清瘦，服饰打扮也比去香港前有了很大的变化。她开始喜欢突兀的风格，并在此后很长一段时间里保持了下来。弟弟张子静回忆当时张爱玲的穿着：“她穿着一件矮领子的布旗袍，大红颜色的底子，上面印着一朵一朵蓝的、白的大花，两边都没有纽扣，是跟外国衣裳一样钻进去穿的……”

弟弟觉得稀奇，张爱玲倒是很自信：“你真是少见多怪，在香港这种衣裳太普通了，我正嫌这样不够特别呢!”张爱玲将在香港买来的广东土布做成了衣服，“仿佛穿了博物馆的名画到处走”，全然不顾这种十分艳丽的土布在乡下只有婴儿才穿。

还有一个极端的例子，有一次，张爱玲穿着前清样式的绣花袄裤去参加了一个同学兄长的结婚喜宴，震惊了满座客人!大家因看她而忽略了新娘子。

这样倒也挺好，她在这种特立独行的穿着中找回了自信。好在一直以来，上海是包容的。

上海，对于张爱玲来说，并不陌生。“上海人是传统的中国人加上近代高压生活的磨练，新旧文化种种畸形产物的交流，结果也许是不甚健康的，但是这里有一种奇异的智慧。”她对上海的情感也来自于对上海人清醒而亲切的认识。所以，重新回到上海，对于张爱玲来说，情感上的融合是轻松的，基本没有障碍。

更何况，那时的上海是已经陷落了的香港不可比的。它是国际性的大都市，被誉为“东方的巴黎”。这里遍地霓虹，高楼林立，还有鱼龙混杂的乱世之梦。在这个繁华而喧嚣的城市，对于已经习惯了逛街、买东西、吃东西的张爱玲来说，无疑是个不错的地方。

她眼睛掠过那些高楼大厦，心里却也有些许迷茫与无奈。母亲的男友已经死在了新加坡的海滩上，母亲也已经乘坐难民船去了印度。父亲那里也是回不去的。旧日的伤痕虽已在时间的流逝中慢慢抚平，可结在心底的痂却不会消失。她唯一能去的，就只有姑姑那儿。

于是，张爱玲便在姑姑的租住处暂时安顿下来——静安寺赫德路 192 号的爱丁顿公寓。

姑姑一直在外国人的机构里做事，始终做着“单身贵族”。虽然姑姑“对我们张家的人没有多少好感”，但她脾气随和，不乏幽默感，对张爱玲“比较好些”，所以张爱玲初回上海，姑姑的“公寓是最理想的逃世地方”。

和姑姑一起住的日子，张爱玲很满足。她喜欢姑姑房间的装修风格——这是姑姑亲自设计的：客厅的壁炉、落地灯与沙发，连地毯都是姑姑亲自动手做的。这一切都让人从内心里感到舒服和安稳，尤其是站在阳台上，能够俯瞰整个上海。在这里，张爱玲难得地过起了舒适的日子，她感觉自己的每一个毛孔都舒展开来，所有的不开心都消失得无影无踪。她可以忘掉香港大学学业的中断，可以暂时不去想回到上海后学业如何继续，也可以忘掉母亲的离开。所有的烦恼在这所房子里似乎都静止了。

> 乱世的人，得过且过，没有真的家。然而我对于我姑姑的家却有一种天长地久的感受。……现在我寄住在旧梦里，在旧梦里做着新的梦。阳台上看见毛毛的黄月亮。古代的夜里有更鼓，现在有卖馄饨的梆子，千年来无数人的梦的拍板："托，托，托，托"——可爱又可哀的年月呵！

此后的很长一段时间里，张爱玲都是和姑姑住在一起的，前后有 10 年左右。

回到上海，大家开始忙自己的事情了。炎樱的运气不错，没多久就经人介绍进了上海的一所英国学校，担任 prefect（相当于现在的辅导员）。不过当时 prefect 被称作学生长，是校方专门指派品学兼优、人缘好、有威信的人做的。后来，炎樱又顺利地进入圣约翰大学文学系，一直读到毕业。

相比之下，张爱玲的遭遇坎坷得多。

刚回来时，弟弟赶来看她。在与弟弟谈起"港战"的琐碎事时，张爱玲愤然道："只差半年就要毕业了呀!"这种愤然是可以理解的。之前，她将香港大学所有的文学类奖项拿了个遍，而战争却将她所有的努力都付之一炬。

她对弟弟明确表示，想要继续学业，“至少拿张文凭”。而要继续大学学业，张爱玲将面临两个问题：一是寻找学校，二是筹集学费。

可是学费呢？能为她提供学费的母亲音信全无。姑姑那里已经没有多余的钱了，那辆白色的汽车已经卖掉，白俄罗斯司机也打发走了，厨房里没有了法国大厨……姑姑那里的积蓄也只能勉强保障姑侄二人的生活，哪有余钱来供她上学？她回到上海时，姑姑给她接风的饭菜是葱油饼，并解释道：“我现在就吃葱油饼，省事。”张爱玲心里明白，姑姑是真的没钱。

看到姐姐的窘境，弟弟张子静寻了合适的机会和父亲提及了姐姐遇到的困难。也许是对自己当初的行为感到后悔，也许是愧疚于张爱玲在港大的 3 年他一分钱学费未提供，父亲终究答应了弟弟的请求：“你叫她来吧。”这样，去见上一面是必需的了，尽管张爱玲心里是极不乐意的。

几年前的那个深冬，从那幢噩梦一样的房子里逃出来……独自站在街头回望，所有的情景就如电影一样在张爱玲的脑中回放，虽时隔多年，她依旧觉得寒冷。这时的父亲已经和后母搬到一处小巧的洋房里居住了。如今要回到他身边伸手要钱，张爱玲的自尊心在反复受着煎熬。这种感觉很折磨人，与当初问母亲要钱时的感觉还不一样，从母亲那里拿钱是难堪，父亲这儿却是耻辱。而如今为了继续学业，张爱玲也顾不了那么多了，她接受了姑姑与弟弟的建议，去了那栋小巧的洋房。

知道张爱玲要来，孙用蕃躲在楼上没下来。张爱玲向父亲说明情况，淡淡地掩饰了所有感情，也忘记是否行了起码的礼仪。父亲与张爱玲之间的对话不多，他虽有愧疚，却仍稳稳地端着大家长的架子。

10 分钟的谈话却感觉出奇的漫长。父亲对她说：“学费我再叫你弟弟送去。”而她“神色冷漠，一无笑容”。

张子静后来的回忆文字里也没有过多提及——“那是姊姊最后一次走进家门，也是最后一次离开。此后，她和我父亲就再也没见过面。”而当时的张爱玲也没有想到，她与父亲的缘分竟在这次见面后画上句号。她和父亲对他们之间的血缘亲情都没有过多的留恋。

找父亲要钱——这算是从香港回到上海后，张爱玲做的第一件大事了。

参加圣约翰大学的转学考试，应该是顺利的，至少想象中是这样的。但没想到的是，张爱玲的国文成绩居然没有及格。好在圣约翰大学对国文向来不重视，她倒也顺利入学了，只是被要求在入学后参加学校的一个国文补习班。后来，汪宏声听说这件事后，感觉“颇为愤愤”，不过，张爱玲自己倒无所谓，甚至还把这件事当成笑话说给弟弟听。

秋天，张爱玲与炎樱一起进入了圣约翰大学的文学系继续学业，弟弟张子静也考进了圣约翰大学经济系，一切都看似圆满。

这对香港大学的姊妹花又携手来到了圣约翰大学，一如既往地默契。她们和以前一样一起吃东西，一起逛街，甚至还一起创业。她们都酷爱服装设计，所以曾在一家杂志登广告：“炎樱与张爱玲姐妹合办时装设计：大衣、旗袍、背心、袄裤、西式衣裙。电约时间：电话三八一三五，下午三时至八时。”

但这样的生活只维持了两个月。

张爱玲想退学。弟弟张子静来问，她只说是圣约翰没有几个好教授，设置的课程都是自己不感兴趣的，“与其浪费时间到学校上课，还不如到图书馆借几本好书回家自己读”。而事实上，张爱玲退学是因为没有钱了。

两个月后，这只孤傲的孔雀便真的从圣约翰大学消失了。

7. 文坛传奇

在弟弟张子静的记忆里，张爱玲曾经说过这样一段话：

> 积累优美词汇和生动语言的最佳方法就是随时随地留心人们的谈话。不管是在路上、车上、家里、学校里、办公室里，一听到后就设法记住，写在本子里，以后就成为你写作时最好的原始材料。

在张子静看来，这样的话说明姐姐很早就做好了写小说的准备。

当时为了继续在圣约翰大学的学业，张爱玲不得不寻找赚钱的活计，贴补学用。父亲的钱虽仍有剩余但并不多。于是，弟弟建议："你可以去找个教书的工作。"

张爱玲摇头："不可能。"

"你英文、国文都好，怎么不可能呢?"

张爱玲坚决地推辞："这事我做不来。"至于原因，她说是因为自己不善于表达。她对自己的认识倒也清醒，性格内向，与人打交道并非所长，更何况是叽叽喳喳的中学生。

弟弟不放弃："那么，到报社当编辑如何?"

略微思索了一下，张爱玲平静而自信地告诉弟弟："我替报馆写稿就好，这阵子我写稿也赚了些稿费。"

不得不说，上海是张爱玲的福地。

学生时代的张爱玲对小说并不感兴趣，而是喜欢看电影、戏剧和话剧。那时上海的电影市场几乎被好莱坞电影垄断，每天都上映一部。20 世纪 30 年代初，本土的电影崭露头角，迎来生机勃勃的春天。种类繁多的电影大大满足了张爱玲的爱好。

好莱坞一线明星——葛丽泰·嘉宝、琼·克劳馥、秀兰·邓波儿、费雯·丽的片子，张爱玲每部必看；中国一线演员——阮玲玉、谈瑛、陈燕燕、顾兰君、上官云珠、石挥、蓝马、赵丹等主演的片子，张爱玲也是一部不落。

受父亲的影响，张爱玲对传统的京剧、评剧和绍兴戏也很感兴趣，她还看过越剧《借红灯》。1937 年中日战争爆发，上海成为孤岛。原先的美国、苏联片源几乎断了，国产片也因为胶片不足而陷入低潮。而此时的话剧趁势崛起，张爱玲便将兴趣转移到话剧上，先后看过《雷雨》《日出》《大马戏团》《秋海棠》《浮生六记》。这些电影、戏剧和话剧为张爱玲以影评与剧评向文坛进军打下了丰富而扎实的基础。

张爱玲最初投的大都是英文稿。在香港的那几年，虽然没有顺利毕业，可她在校园里学习的英文知识，接受的英文教育，在校期间大量的阅读积累，以及在香港看过的那一场场英文电影，使她的英文写作变得极其顺畅。

1942 年 11 月，张爱玲向英文报《上海泰晤士报》投稿，全是用英文写的影评和剧评，她也从此踏入了文坛。而之所以选择《上海泰晤士报》，恐怕与她 17 岁时向《上海泰晤士报》投过一篇影评有关，也算是一个延续。

之后，张爱玲又向德国人办的英文杂志《二十世纪》投稿。《二十世纪》是一份综合性刊物，主要读者是那些当时在亚洲的西方人。《二十世纪》的主编克劳斯·梅涅特是一位德国人，对中国很熟悉，他可称得上是张爱玲的第一位伯乐。

1943 年初，张爱玲在《二十世纪》上发表了第一篇文章——*Chinese Life and Fashions*。全文长达 8 页，洋洋万言，文字略带维多利亚末期的风范，优雅流畅。文章以一个中国女子的视角，对从古代至清朝再至当代的中国人尤其是中国女人的着装，用一种近似调侃的文笔予以展示，其中还配有张爱玲自己所绘的 12 幅发型及服饰插图。后来，张爱玲又将这篇文章改写成中文，以名为《更衣记》发表于《古今》半月刊。

此后，张爱玲一鼓作气，又接连在《二十世纪》上发表了

10多篇文章，其中大部分为影评，如《婆媳之间》《鸦片战争》《秋歌》《乌云盖月》《万紫千红》《燕迎春》《借银灯》，也有一些散文，如《中国人的宗教》《洋人看戏及其他》。这些文章均是用英文写作，并且获得了不错的反响，赢得了读者的认可和喜爱。

张爱玲的英文文章之所以大受欢迎，克劳斯·梅涅特作了这样的解读——张爱玲“与她不少中国同胞差异之处，在于她从不将中国的事物视为理所当然；正由于她对自己的民族有深邃的好奇，使她有能力向外国人诠释中国人”。后来，张爱玲将自己的很多英文作品都翻译成了中文，收入散文集《流言》中。

英文写作一炮打响。张爱玲除了争取到经济的自由外，自信心也大大增强了。

一次，张爱玲带着黄岳渊的引荐信，拜访了当时上海滩赫赫有名的鸳鸯蝴蝶派作家周瘦鹃先生。在介绍了自己目前除了一篇散文《我的天才梦》之外，只卖过“西”文后，张爱玲递给这位“哀情巨子”周瘦鹃先生一个纸包。里面是两部中篇小说的文稿，第一篇叫《沉香屑：第一炉香》，第二篇叫《沉香屑：第二炉香》，分别描写了两段香港的故事。

周瘦鹃觉得内容很精致，于是将两本小说留了下来。黑夜，在弥漫着清香的紫罗兰庵里，周先生读了这两本小说。小说的开篇——“请您寻出家传的霉绿斑斑的铜香炉，点上一炉沉香屑，听我说一支战前香港的故事。您这一炉沉香屑点完了，我的故事也该完了。”——瞬间将这位“哀情巨子”深深地吸引住了。若不是白天刚刚见过，实在难以想象如此凝练的文字居然出自一位如此年轻的女子。小说对世事人情的洞察非常到位，周先生忍不住屡屡击节。

世上的巧事便是如此。周瘦鹃正想复刊《紫罗兰》，两炉香与它们的作者张爱玲便适时出现了。一个星期后，张爱玲来到周家等待回音。周瘦鹃先生开门见山，直言道："不管别人读了以为如何，而我却是'深喜之'了。"并当下决定要在复刊的《紫罗兰》创刊号上发表。

张爱玲满心欢喜，一口答应，并在晚上又来到周先生家，约他和他的夫人在《紫罗兰》出刊那天到姑姑家参加一个小小的茶会。

《紫罗兰》出版那天，周瘦鹃践约来到张爱玲姑姑的公寓。在那间精巧、别致的会客厅里，周瘦鹃、张爱玲与姑姑张茂渊3人畅谈。临走时，张爱玲将自己在《二十世纪》上刚发表的《中国人的生活和时装》送给了周瘦鹃。后来，周瘦鹃回忆说："我约略一读，就觉得她英文的高明，而画笔也十分生动，不由不深深地佩服她的天才……"

《沉香屑》这两部小说在《紫罗兰》上发表后，读者的反响极为强烈，人们纷纷猜测这位"从天而降"的张爱玲是何许人也。

自此，张爱玲在中文文坛中展示了飒爽风姿，开始施展拳脚了。

没过多久，上海福州路画锦里附近的一个小弄堂里，《万象》编辑室里的柯灵先生看着《紫罗兰》出神，他也被两炉香吸引了。

柯灵，先后编过《文汇报》副刊《世纪风》，《大美晚报》副刊《浅草》，《正言报》副刊《草原》等。上海沦为孤岛后，柯灵一直试图在文化废墟中保留一块园地，让新文学得以生存，于是便有了《万象》。

他要把《万象》办成一本新文学杂志，此时，“张爱玲”这个名字一下子就映入了柯灵的眼帘，再也拔不出来了。

正在他想着怎么邀请这位“张爱玲”时，张爱玲居然不期而至。

轻轻的敲门声，丝质的碎花旗袍和肋下夹着的一个报纸包，在柯灵看来，一切都是那么完美。张爱玲说她是来请教的，他们的谈话简短而愉快。随即柯灵诚恳地向张爱玲约稿，张爱玲爽快答应。此后，张爱玲在《万象》上发表了《琉璃瓦》和《连环套》。

柯灵曾言：“张爱玲在写作上很快登上灿烂的高峰，同时转眼间红遍上海。”

对于张爱玲的成名，《万象》无疑起到了推波助澜的作用。

但实际上，让张爱玲真正在上海滩乃至全国文坛奠定地位的，是一本“日伪”刊物——《杂志》。这本刊物一直宣称要走纯文艺路线，但是，因为《杂志》的后台是日本领事馆，所以它的实力是当时其他文学刊物无法匹敌的。虽然张爱玲素来远离政治，但无奈其成名心切，所以她并没有在意《杂志》的背景，在上面发表了很多作品——《倾城之恋》《金锁记》《红玫瑰和白玫瑰》，还有一系列精彩散文。

1943 年到 1944 年，张爱玲在上海滩的各种杂志上发表了大量作品，终于在文坛上占据了一席之地，与苏青、潘柳黛和关露并称“文坛四大才女”。

此时的张爱玲，正如香港作家李碧华所言——“文坛寂寞得恐怖，只出一位这样的女子。”

8. 两朵姊妹花

如果说炎樱将张爱玲的生活带入一个纯真炽烈、开心烂漫的友情世界，那么苏青带她进入的，则是满含人生辛酸苦辣的另一种世俗。

张爱玲曾说：“即使从纯粹自私的观点看来，我也愿意有苏青这么一个人存在，愿意她多写，愿意有许多人知道她的好处，因为，低估了苏青的文章的价值，就是低估了现在的文化水准。如果必须把女作者特别分作一栏来评论的话，那么，把我同冰心、白薇她们来比较，我实在不能引以为荣，只有和苏青相提并论我是甘心情愿的。”

苏青，20 世纪 40 年代与张爱玲齐名的海派女作家，本名冯允庄，1914 年出生于浙江宁波西浣锦乡一个富有之家，据说其祖父是位举人，苏青的童年是在无忧无虑的快乐中度过的。只叹这快乐的生活太短暂，在还没有好好享受的时候就已经离她远去。

父亲恋妓弃家，母亲虽是师范学校毕业，但软弱良善，对父亲的恋妓也是无可奈何，就算后来父亲早死，母亲也不敢变卖田产继续供她读书，无奈她只能早早订婚，用聘金上学，进了学校才发现原来还有困难补助一说，悔之晚矣。苏青才刚开始读大学，婆家就要求完婚，一结婚就怀孕，只得退学。一生4个女儿，在婆家受尽白眼。好不容易等儿子出生，她的丈夫爱上了别人，离婚了事。

与炎樱的友情不同，苏青和张爱玲因文字结缘，她们只是在文字的世界里惺惺相惜，平时却很少见面。《天地》月刊，便是她们交流的最好平台。

20世纪40年代的上海滩，各类杂志多如牛毛，催生了一大批以写作为生的女作家，张爱玲和苏青便属于其中的凤毛麟角。

当时的苏青离婚后拖着几个孩子，在陈公博和周福海之妻杨淑慧的资助下独挑大梁，创立天地出版社，也一并推出《天地》杂志。而当时张爱玲正值大红大紫，有张爱玲文章的杂志总会大卖。苏青便向张爱玲约稿，希望张“叨在同性”的份儿上给她的杂志赐稿。张爱玲看到苏青如此快人快语，当即给她寄了一篇小说《封锁》。

记得王安忆曾说张爱玲是冷冷地坐在高层公寓窗前的那一个，隔着一层让人看不清她的轻纱看世人。她写小说，却离小说很远；即便是散文，满纸腾腾的烟火气里，你依旧看不透烟火背后的那双眼睛，是哭的还是笑的，抑或满满的冷漠。

而苏青却恰恰相反，她是 20 世纪 40 年代的一个世俗女人，家里有 4 个孩子需要照顾，还要牵挂远在乡下的母亲和弟弟…… 她一个人应对家庭琐事，活得忙碌而实际，就像冬日雪夜里的红泥小火炉，看得见红艳艳的光，听得见里面噼里啪啦的声响，还要不断地添煤加炭，不断地冒出青烟，烟气呛人。

用今天的话来说，也许苏青在生活的琐事中更加接地气。

许是张爱玲的世界里缺乏那样的烟火气息，她对苏青的欣赏多了那么一份疼惜，尽管那份疼惜也是张爱玲式的淡淡的疼惜，也许就是这份疼惜才促成了她们这对文学上的姊妹花。

苏青的妹妹苏红在晚年对来采访的记者说：“我姐姐和张爱玲好得很，经常一同逛街，一同看电影，还互相换裤子穿。”

那时候，张爱玲经常陪苏青买衣服，她在《我看苏青》里有记叙。

去年秋天她做了件黑呢大衣，试样子的时候，要炎樱帮着看看。我们三个人一同到那时装店去，炎樱说：“线条简单的于她最相宜。”把大衣上的翻领首先去掉，装饰性的褶裥也去掉，方形的大口袋也去掉，肩头过度的垫高也去掉。最后，前面的一排大纽扣也要去掉，改装暗纽。苏青渐渐不以为然了，用商量的口吻，说道：“我想……纽扣总要的罢？人家都有的！没有，好像有点滑稽。”

张爱玲在旁边，两手插在衣袋里，笑了。看着镜子里苏青那张青白的从来没有这么静的脸，那眉宇之间多了一种横了心的锋棱，张爱玲的心里忽然感到一种莫名的哀伤："苏青是乱世里的盛世的人。她本心忠厚，愿意有所依附，那个乱世却每每要让她的愿望落空。"张爱玲看苏青，总是一眼看到底，说出的话句句都敲到苏青的心坎上，让她暖且微疼。女作家桂苓曾这样评价她们3人。

两个人做朋友是最好的搭档，谁也离不了谁，相互依靠；四个人呢，总会慢慢分成两两一组；三个人永远扯不平，总有一个被欺负。三个人里头，炎樱机警过人，张爱玲聪明，苏青有点愣，也只有她处于弱势——换另外两个谁也不行，张爱玲会走开，炎樱会反抗，只有苏青，说大度也可以，其实是傻得可爱，憨憨的，大大咧咧，任你评说，总伤不到内心之核。

苏青与张爱玲一样，也是一位不关心政治的女人。她一向是风风火火、自以为是的坚强的大女人，然而，她骨子里却有一颗柔软的女人心。也许是因为苏青和张爱玲类似的家庭环境和成长经历，导致两人的性格在某些方面非常相似，比如在爱情和婚姻的选择上，这两个惺惺相惜的才女都爱得极单纯而又苦不堪言。苏青是自幼丧父，张爱玲是父母离异、亲情淡漠，这种亲情关怀的缺乏，使得两人在对伴侣的选择上都有些令人扼腕。对于自己的情感经历，苏青感慨："天下竟没有一个男人是属于我的。他们也常来，同谈话，同喝咖啡，有时也请我看戏，而结果终不免一别。他们有妻子，有孩子，有小小的温暖的家。”

只是苏青没有张爱玲的那份清醒。在一场时代的大风暴来临之前没有全身而退，她以自己的问心无愧毫无惧色地留了下来，可是，她低估了风暴的力量。

“文革”期间，作为与几大汉奸都有往来的苏青，自然逃不过被传讯、批斗的命运，年老多病，穷困潦倒，以至于连抓药的钱都拿不出来，最后在一个小屋子里凄凉离世。

那时的张爱玲，已在异国的天空下独自前行，相较而言，炎樱是幸福的，嫁了可嫁之人，相濡以沫，相守到老。

与苏青的友情随着张爱玲的迁居海外而慢慢淡下来，可苏青在文学上对张爱玲的懂得和支持，令这对文坛姊妹花不会随着岁月的逝去而老去。

第三章　情不知所起

他的一句“现世安稳”，让她拼尽一生。他来去潇洒，她却在爱中渐渐枯萎，时过境迁，我们只能感叹：从此无人爱良夜，任他明月下西楼。

1. 漫说兰成

他的一句“现世安稳”，让她拼尽一生。他来去潇洒，她却在爱中渐渐枯萎，时过境迁，我们只能感叹：从此无人爱良夜，任他明月下西楼。

见了他，她变得很低很低，低到尘埃里，但她心里是喜欢的，从尘埃里开出花来。

离开他，她没有选择死去，只是从此慢慢凋零。

1944 年，24 岁的张爱玲遇上 38 岁的胡兰成。在花一样的年纪，张爱玲的春天来了。那样浓烈的爱情，是每一个青年女子都无法抵挡的诱惑。张爱玲也不例外。

胡兰成，生于 1906 年，原名胡积蕊。他的祖父胡载元是茶栈老板，他们家在当地是富户。但父亲胡秀铭继承家业后，家道中落，沦为普通农民。

胡兰成的求学经历颇为坎坷。高小毕业后先上了绍兴第五中学，一个学期后因学生闹学潮而辍学，后来，又考入教会学校杭州惠兰中学。在惠兰中学读了 4 年后，因编纂校刊与教务主任发生冲突而被开除。后来，他考取了杭州邮务局的邮务生，从此就没再接受过常规教育。邮政人员在当时也算比较安稳的职业，可惜才一个月的时间，他又因指斥局长“崇洋媚外”而被开除。

1925 年，胡兰成娶唐玉凤为妻。这是一桩旧时婚姻，父母之命，媒妁之言。唐玉凤没过门之前二人不曾见面，直至掀开新娘盖头的时候，他才看见新娘子的样子，完全不是他喜欢的类型。他眼里心里，满满都是对唐玉凤的嫌弃。

21 岁的胡兰成为谋出路，去了北平，在燕京大学校长室抄写文书，同时旁听学校的课程。虽然他在燕京大学的时间不长，却学到了很多东西，大大开阔了他的视野，为其日后的政界生涯奠定了基础。

1932 年，胡兰成返乡，发妻唐玉凤恰在此时去世，家中贫穷，无力下葬。他四处苦苦告贷，竟求助无门，还饱受奚落和鄙夷。此事对他刺激很大，他再次深刻体会到了人世间的淡漠与薄凉。他后来回忆说：“我对于怎样天崩地裂的灾难，与人世的割恩舍爱，要我流一滴眼泪，总也不能了。我是幼年时的啼哭，都已还给了母亲，成年的号泣，都已还给了玉凤，此心已回到了如天地之不仁！”

1936 年，“两广事变”发生，广西的新桂系第七军和广东的陈济棠粤系发动兵谏，要求中央政府抗日。胡兰成受第七军军长廖磊之聘，兼办《柳州日报》，在报纸上发表鼓吹兵谏的文章，崭露“政论一支笔”的头角，引起各方注意。然而，“两广事变”旋即和平结束，胡兰成却受牵连入狱，被监禁了一个多月。

不过，这次的文字灾难，却让他因祸得福，事业上出现了转机。当时，有汪精卫做后台的《中华日报》邀他为撰稿人，他便奔赴上海就职。不久，他有两篇经济文章被日本《大陆新报》译载。这样一来，引起汪系高度重视，遂将他擢升为《中华日报》的总主笔。从此以后，他成了汪系的得力骨干，地位也日益提升。

汪伪政府在南京成立后，胡兰成先后担任“宣传部政务次长”“行政院法制局局长”，还曾担任过汪精卫的侍从秘书，可直接向汪本人进言。汪精卫对他颇为赏识，称呼他为“兰成先生”，常向他“殷殷垂询”。他俨然成了汪精卫嫡系“公馆派”中的一员儒将，在汪政府中的地位，甚至要远远高于著名的“文胆”陈布雷在蒋介石那里的分量。

从此，胡兰成尽情发挥着自己的才气，不遗余力地为侵略者与汉奸摇旗呐喊。当时，这份亲日报纸所有的社论皆出自于胡兰成。一时间，胡兰成出人头地了，被统治者青睐有加，风光无限。他直把汪伪政府当作“新朝”，以“布衣卿相”而沾沾自喜，在20世纪70年代写《今生今世》时，还津津乐道于“和平运动时位居第五”的荣耀。

人大抵都是一样的，总是不满足，于大家是，于胡兰成也是。他的野心一步步膨胀，总主笔已经不能满足其内心对名利的渴望。

后来，胡兰成见汪伪政府失势，他越过了汪精卫，直接联系上了日本主子，又通过日本使馆的官员清水、池田笃纪的引荐，与日本军界对战争前景不乐观的少壮派频繁接触。他们把胡兰成攻击汪伪政府、预言日本必败的文章翻译成日文发表，引起了一些日本军人的瞩目。此时，正值汪精卫因日军在战场上已渐露战败之相，与日本人正在互相猜疑之间，见此类文章发表，更是大为震怒，遂将胡兰成逮捕入狱，并将他驱逐出了汪伪政权。入狱后，胡兰成一度绝望，以为此番性命将不保，后来在日本军人的强力干预下，得获释放。

此时，胡兰成陷入了“事业”的低谷期，他的境遇引起了一个年轻女子的共鸣。这个女子就是才气四溢、已然蜚声文坛的张爱玲。

2. 芳心萌动

缘分，是最为玄妙、最无法说清的东西。在对的时间遇到对的人，是最幸福甜蜜的。可是当爱情来临的时候，谁又会去在乎那是不是对的时间、对的人呢？在爱情世界中，理智常被冲动压得无处藏身，惹出那人间万般情仇爱恨。

胡兰成从监狱里出来，回到了南京的家中赋闲养病。

在南京石婆婆巷 20 号住宅的院子里，胡兰成在一个冬日，躺在藤椅上，看着苏青给他寄来的《天地》。这一期的杂志上，有张爱玲的一篇小说——《封锁》。

于是，他知道了她的存在。原本两个完全没有联系的人，因了机缘，有了联系。

“这跟当前的问题又有什么关系?”她冷冷地道：“哦，你打算娶妾。”宗桢道：“我预备将她当妻子看待。我——我会替她安排好的。我不会让她为难。”翠远道：“可是，如果她是个好人家的女孩子，只怕她未见得肯罢? 种种法律上的麻烦……”宗桢叹了口气道：“是的。你这话对。我没有这权利。我根本不该起这种念头……我年纪也太大了。我已经三十五了。”翠远缓缓地道：“其实，照现在的眼光看来，那倒也不算大。”宗桢默然。半晌方说道：“你……几岁?”翠远低下头去道：“二十五。”宗桢顿了一顿，又道：“你是自由的么?”翠远不答。宗桢道：“你不是自由的。即使你答应了，你的家里人也不会答应的，是不是? ……是不是?”

翠远抿紧了嘴唇，她家里的人——那些一尘不染的好人——她恨他们! 他们哄够了她。他们要她找个有钱的女婿，宗桢没有钱而有太太——气气他们也好! 气，活该气!

这样的文字，溢满了浓浓的碧玉女儿家的羞怯，也展现了现代女子的大胆追求。对于与宗桢一样既有着一段婚姻，又要寻求婚外的刺激与爱情的浪漫的胡兰成而言，这小说的作者，简直就是从天而降的“女性知音”。在这样的文字中，他找到了男性的阳刚之力，也知道了什么样的女性才会是这种力量之源。他的眼睛发亮，他不相信世界上还有这样一个奇迹：有谁可以让他变得纯粹而勇敢。他想，他一定要认识她，一定要寻找这个奇迹存在的鲜活的证据。

胡兰成一读再读，简直不能抑制内心的冲动，“张爱玲”三个字已深深地印在了他的脑海里。随后，在另一期《天地》中，胡兰成又看到了张爱玲的一篇散文，还有那一期上刊印的张爱玲自己也很满意的照片。刹那间，胡兰成似乎明白，“文如其人”大概就是这样的。

1944 年 2 月，胡兰成离开南京，结束了赋闲的生活回到上海，他要重出江湖。但是，第一件事，是要满足他深藏在内心的欲望。

胡兰成一下火车，撇开上海的妻室不见，而是径直来到了苏青的住处。苏青告诉他，张爱玲是不见人的，但拗不过胡兰成的百般央求，迟疑着将张爱玲与姑姑同住的地址告诉了他。胡兰成如获至宝。

他等不及，第二天，便来到了静安寺赫德路口。除了在日本人面前时，在其他地方，已经多年没有过的惴惴不安此刻涌上了心头，自己长久以来要寻找的鲜活的奇迹近在咫尺，他努力抚慰那悸动的灵魂。

可是，首次登门并未达成他心中所愿，张爱玲不见生客。

他一袭长袍，彬彬有礼，站在赫德路公寓 65 室紧闭的门外，门里一个温柔而平静的女声响起：“你找谁？”

胡兰成说：“想见张爱玲小姐，是从南京慕名而来的读者。”

门里迟疑了一阵，说道："爱玲身体不适，不见客人。"

张爱玲的姑姑替她挡了陌生人的驾。

胡兰成在字条上写下了自己的名字和电话号码，从传信口里把字条递了进去，里面有人接过。他便缓缓离开，下楼去了。

以为就这样结束了，不会再见到心中鲜活的奇迹了，胡兰成满心不甘。

然而，剧情开始朝着胡兰成预期的方向发展。一日后，午饭刚毕，胡兰成接到了张爱玲打来的电话，说要来看他。这对于受过西方教育的张爱玲而言，并非超常之事，倒更像是礼节性的回访。

胡兰成的家在大西路美丽园，离张爱玲姑姑的住处不远。很快，张爱玲如约而至。

初次见面，并没有金风玉露一相逢般的电光石火，二人只是有一些诧异。胡兰成只说："我一见张爱玲的人，只觉与我所想的全不对。她进来客厅里，似乎她的人太大，坐在那里又幼稚可怜相，待说她是个女学生，又连女学生的成熟亦没有……她的神情，是小女孩放学回家，路上一人独行，肚里在想什么心事，遇见小同学叫她，她亦不理，她脸上的那种正经样子。"

杂志刊登的张爱玲的照片并非正面，面容显得温婉柔弱，而张爱玲本人个子很高，衣着又有些怪异。他说："张爱玲的顶天立地，世界都要起六种震动，是我的客厅今天变得不合适了。"

胡兰成的描述，与以往其他人对张爱玲的印象不同。别人只说她清瘦高大，性格冷傲，但在胡兰成的眼中，初见张爱玲，她简直是从天而降的“神”，形象被他无限放大，避无可避，只能凝神注目。

胡兰成的家当时由侄女胡青芸打理，多年以后，胡青芸说起过当年对张爱玲的印象：“张爱玲长得很高，不漂亮，看上去比我叔叔还高了点。服装跟人家两样的——奇装异服。她是自己做的鞋子，半只鞋子黄，半只鞋子黑的，这种鞋子人家全没有穿的；衣裳做的古老衣裳，穿旗袍，短旗袍，跟别人家两样的……”

站在那儿的胡兰成，身材那么修长，风流倜傥；坐下来的胡兰成，口若悬河，滔滔不绝。他是那么才华横溢，他是那么温文尔雅，他对她是那么彬彬有礼而温柔有加：“你这样高，这怎么可以？”一颦一笑中，他将他的善解人意与对女人的懂得，用他的吴侬软语涓涓地灌进张爱玲静静聆听的耳朵和心房里。张爱玲虽是寡言寡语，但到底还是对他动心了。

38 岁的胡兰成的情感经历并不逊色于他的社会阅历。他始终追求着新鲜的爱情与新鲜的恋人。他没见到她时，并不觉得她有多么漂亮，但是，在亲眼见到张爱玲后，之前的关于美的定义与想法轰然倒塌：“美是个观念，必定如此如彼，连对于美的喜欢亦有定型的感情，必定如何如何，张爱玲却把我的这些全打翻了。我常时以为很懂得了什么叫做惊艳，遇到真事，却艳亦不是那种艳法，惊亦不是那种惊法。”

他觉得自己一下子陷入了对崭新爱情的追逐中了。她的所有一切是那么矛盾，又是那么和谐；她的外形是那么娇弱，文字却是那样凝练；她看上去是那么单纯得不问世事，文字里却满是对世事的清晰洞察；她的身材是那样瘦而高，却能自己裁剪出如此贴身的美丽衣服。瞬间，她的一切在他那里全变成了美。

“我一直想着，男子的年龄应当大10岁或是10岁以上，我总觉得女人应当天真一点，男人应当有经验一点。”张爱玲此时的想法竟与胡兰成相呼应起来，天衣无缝，竟也是全然不顾此时的胡兰成还有妻子、女儿。

胡兰成的成熟与才情震慑住了张爱玲。他人情练达，成熟稳重，柔情款款，他带给她的，是她从来没有过的满满的快乐。胡兰成年长张爱玲14岁，也正是这年龄的落差，让胡兰成有了机会。他经历世间风雨，有了与张爱玲秉烛夜话的资格。在张爱玲面前，有故事、有才华的胡兰成才不会显得那么浅薄。

在他的面前，满腹才情的年轻女作家张爱玲显得那么安静，她愿意静静地坐着，听着他的高谈阔论，听着他的口若悬河与纵横捭阖。听着他讲话，她觉得自己能够安静下来。心能够宁静，她觉得，那是一种享受。

这样子的心心相印总没有辜负她推崇的“爱是热，被爱是光”。

时针不知不觉中悄悄地转过了5个小时。他们的第一次见面，相见恨晚，竟觉得时光的流转是那样无情。

从品评时下流行作品，到询问张爱玲每月写稿的收入，他谈了对当时流行作品的批评，谈了张爱玲的作品好在哪里，又谈了他自己在南京的事情。在与张爱玲的聊天中，胡兰成忽然找到了真正的自我。这期间，胡兰成说得居多，而张爱玲更像是一个忠实的倾听者。在张爱玲看来，胡兰成“眉眼很英秀，国语（普通话）说得有点像湖南话。像个职业志士”。这 5 个小时，让二人的关系发生了质的变化：从陌生，到懂得；从疏离，到认可。

虽为初见却并不感觉唐突，这或许就是日后如张爱玲本人所说，“因为相知，所以懂得”，两人已有了知交之感。

他们之间没有平常人那样躲躲闪闪的冗长的预热，也没有谁追谁时的浪漫，几乎是从一开始，他们便进入了热恋的阶段。

第二天傍晚，胡兰成回访了张爱玲。这一次的见面又带给他截然不同的感受。胡兰成形容说：“她房里竟是华贵到使我不安……三国时东京最繁华，刘备到孙夫人房里竟然胆怯，张爱玲的房里亦像这样的有兵气。”那天，张爱玲穿了一件宝蓝绸袄裤，戴了嫩黄边框的眼镜。多年后，胡兰成对这些细节都有着清晰的记忆。可见，感情在萌动之时都是真实存在的，只是之后随着世事变迁，都慢慢飘散了。

这次，他们的交谈依然是愉快的，可是却也有了若隐若现的交锋与和盘托出。他们的观点开始碰撞，他们的背景开始互相融合，他们的心扉亦开始为彼此敞开。

为讨得张爱玲欢心，胡兰成与张爱玲说起了她祖父张佩纶与祖母李菊耦的故事，告诉她，她祖父母当年以诗为媒的佳话。张爱玲便开心地将那首诗抄给胡兰成。她平静地向他说起了家族的由盛转衰。她理直气壮地告诉他，她不喜欢她的父母，自己更渴望平稳真实的人生。这样的态度让出身平凡的他坦然。他不再窘迫，不再觉得出身低微让自己在她面前抬不起头。他觉得，他与她是平等的，没有了身份的差异，也没有了背景的差异。

这个38岁的男人回家当晚激情难抑，挥笔书就新诗一首、书信一封，评她的人与文。与张爱玲的惺惺相惜让胡兰成轻易便获得了她的芳心。

从见面后，胡兰成每天都去看张爱玲。有一次，他向张爱玲提起刊登在《天地》上的照片，张爱玲便取出来送给他，还在后面题上几句话："见了他，她变得很低很低，低到尘埃里。但她心里是欢喜的，从尘埃里开出花来。"在经历了多年的寂寞苦涩之后，张爱玲等到了要等之人。等这个人一出现，她心动了，愿意为他低至尘埃中。

3. 情不知所起

初恋，是不分地点、不吝早晚的，它是红尘中男女最初相遇时的一份心态。

张爱玲，世人皆知其灼灼才华，却难知其心性淡漠。在漫漫无涯的岁月长河中，她以自己的方式在倾听，在观看，在等待。繁华的外在无法弥补内心的寂寞，喧嚣的生活不能寄托心中的期待，唯有那个人，终于出现了，感知到了她的寂寞和期待，于是如天边云朵映入波心，如沙砾坠入湖面，顷刻间，平静不再，千言万语化作层层涟漪。因为，彼此懂得。

胡兰成的办公地点在南京，由于分隔两地，他大概每个月回一次上海，每次留住八九天。这种双城生活不仅没有令二人之间的感情降温，反而拉近了彼此的距离，让感情发酵。相爱是快乐的，于胡兰成是，于张爱玲也是。胡兰成每次回上海，都不着急回自己的家，而是径直赶到赫德路去看张爱玲。

沦陷期的上海，人们对日寇的横暴怀有仇恨，且都坚信恶人来日不多。张爱玲的姑姑开始担心了，悄悄说了胡兰成的事情，并让张爱玲慎重。姑姑认为与胡亲近有不妥之处：一是此人背景污浊，应谨慎并敬而远之为好；二是此人已有妻室家小，与他交往不合时宜。姑姑的话，是现实的，张爱玲做不到置之不理，也让她感到凄凉。无奈之下，张爱玲给胡兰成送去了一张纸条，纸条上只有几个字："你不要来见我了。"胡兰成不知原因，于是也不理，还是照常去了张爱玲那里。

张爱玲站在窗口，正在恍惚中，忽听得电梯一阵响，有人走过来敲门。

她犹豫着，开了门。

张爱玲见了胡兰成，又是欢喜又是愁苦，纠结不已，却也不再拒绝。此后，胡兰成索性天天都去张爱玲那里，两人关系已近于公开化。

胡兰成来了就在客室里关着门和张爱玲聊天，张爱玲则坐在胡兰成的一侧，静静地听他讲。"永远看见他的半侧面，背着亮坐在斜对面的沙发椅上，瘦削的面颊，眼窝里略有些憔悴的阴影，弓形的嘴唇，边上有棱"，这是张爱玲眼中的胡兰成。

每次胡兰成走后，都要留下一烟灰盘的烟蒂，张爱玲会把这些烟蒂都收集起来，装在一个旧信封里，下次胡兰成来时就拿给他看。胡兰成总是会心一笑，细细的心事缱绻于这小小的举动中。

胡兰成起初还是小心翼翼的，每次来都问：“打搅了你写东西吧？”后来，两人逐渐熟悉。他看见张爱玲吃住都在这间房里，太过简单，就笑道：“你还是过的学生生活。”由此两人说到了生活贫富的问题。张爱玲曾说：“我不觉得穷是正常的。家里穷，可以连吃只水果都成了道德问题。”

胡兰成叹道：“你像我年轻的时候一样。”他说起自己年轻时，曾爱上一位同乡的“四小姐”，她要去日本留学，本来可以一块儿去，可是不了了之，胡兰成一笑：“要四百块钱——就是没有。”

几天来，胡兰成不光跟她讲生活中的小事，也讲一些他的理论。不过，张爱玲觉得他的理论往往会有“愿望性质的思想”，一厢情愿地把事实归纳到一个框框里，对中国农村也有太多的理想化，不过是怀旧而已。

有天晚上，胡兰成要回去了，张爱玲起身送他。胡兰成双手按在她的手臂上笑道：“眼镜拿掉它好不好？”

张爱玲会意，笑着摘下眼镜。胡兰成吻了她。

“这个人是真爱我的。”在后来的《小团圆》和《色戒》里，这句话，一直作为男女感情飞越的见证。

第二天晚上，胡兰成应付完外面的饭局才来，张爱玲给他端茶时，闻见了他身上的酒气。

谈了一会儿，胡兰成就坐到了张爱玲的身边，直截了当地问："我们永远在一起好不好？"

昏黄的灯光下，张爱玲靠在沙发背上，转过头微笑地望着他："你喝醉了。"

"我醉了也只有觉得好的东西更好，憎恶的东西更憎恶。"他把张爱玲的手拽过来，看了看手掌心的纹路，笑着说："这样无聊，看起手相来了。"接着又重复了一遍，"我们永远在一起好吗？"

张爱玲问："你太太呢？"

他没有一丝迟疑，马上回答："我可以离婚。"

张爱玲暗暗想，那不知道要花多少钱，于是说："我现在不想结婚，过几年我会去找你。"

不想结婚，也许是因为当时身处乱世，谁能预见几年后的生活是什么样子？胡兰成岂能不知？于是微笑着没有作声。

接着，话题又转到了张爱玲的名字上。胡兰成说："你这名字脂粉气很重，也不像笔名，我想着不知道是不是男人化名，如果是男人，也要去找他，所有能发生的关系都要发生。"

要离开了，胡兰成把张爱玲拦在门边，一只胳膊撑在门上，笑着看张爱玲。他终于只说了一句："你眉毛很高。"

胡兰成走后，张爱玲告诉姑姑胡兰成向她求婚了。姑姑说："当然你知道，在婚姻上你跟他情形不同。"

姑姑平常也不大说话，胡兰成的造访，姑侄俩其实都各有尴尬。张爱玲一向是不留朋友吃饭的，因为做饭要姑姑动手。可是胡兰成来，一坐就坐到晚上七八点钟，不留吃晚饭也成了一件窘事。再加上面对姑姑的窘，两面夹攻，张爱玲感觉快承受不了了。张爱玲“累得发抖，整个人淘虚了一样”，坐在房间里静静地望着红红的炉火，思绪随着火苗起伏翻飞。

但当时世人并不能理解他们之间的感情，不仅年龄差距甚大，且胡兰成浸淫多年的政治身份，圆滑与市侩的烙印，与张爱玲的贵族身份显得格格不入，但是这一切并未影响张爱玲对胡兰成的认知。不闻窗外事的寂寞女子，敏感而又固执，一经决定，自然是匪石之心，此心不可逆。

张爱玲对胡兰成是倾心的、顺从的、谦逊的，又是纠结的。

当胡兰成向张爱玲表白，张爱玲没有正面答复他。随后的半个月时间，原本天天来此的胡兰成再没出现。伴随着房间内空旷的静谧，张爱玲的内心起了波澜，欲擒故纵这个词，也许现在用来正合适。

怎么没有来？懊恼了？有事情耽搁了？明天会出现吗？

时间在无声的期待中流逝，内心的纠结也在不停地盘旋。张爱玲的心乱了，曾经的离群索居，曾经的淡漠冷清，都在那个所谓懂得自己的人出现的那一刻轰然倒塌。曾经的侃侃而谈与亲昵笑语仿佛仍在耳畔，只是一瞬间便变了模样。曾经温暖如春的房间一下子冷清了许多，随着一个人的消失不见，竟然也生出一丝荒芜。望眼欲穿的张爱玲恍如恋爱中的少女，充满期待的内心在不停张望门口的眼神中显现无遗。

张爱玲在这一时期写的一篇小说《年青的时候》中有一句话，透露了个中信息：“谁不喜欢同自己喜欢的人来往呢?”说的大抵就是自己当时的心境吧。

《小团圆》里说得就更明白：“她崇拜他，为什么不能让他知道？等于走过的时候送一束花，像中世纪欧洲流行的恋爱一样绝望……”

张爱玲个性清冷，识人均把情趣与气质放在首位。通过这一段时间的交往，张爱玲认为自己与胡兰成在学识上彼此相知，相见恨晚，所以她对胡兰成的污浊背景选择了忽略。张爱玲自小与父亲隔阂颇深，又受到五四运动后流行的“弑父”思想影响，心里的叛逆倾向颇为明显。因此，在对胡兰成的认识上，外界虽有反对之音，张爱玲却不予理睬。曾经，在《花凋》里，张爱玲讥讽她的自民国纪元起“就没长过岁数”的舅舅，在看待张爱玲与胡兰成的恋爱问题上，也曾忧心忡忡：“小煐怎么会和胡兰成在一起呢?”

其实，对于久经职场与情场的胡兰成而言，他早就看清了自己在张爱玲心中的意义，他知道张爱玲对自己的认可和欣赏。同时，更加重要的是胡兰成是了解张爱玲的。他了解张爱玲出身贵族的优雅精致，也了解她历经波折的童年，以及由此而生的一些消极淡漠的思想。

张爱玲曾经说过女人在男人面前要谦逊，“那是女性的本质，因为女人要崇拜才快乐，男人要被崇拜才快乐”。她对胡兰成有崇拜，也有顺从。张爱玲的头脑中仍旧有着根深蒂固的传统婚姻观念，她也在意名分，所以她不得不面对胡兰成有妻室这一现实，但张爱玲原本生性清冷，傲气孤寂，她一向不以尘世的价值观去品评一个人，也没有政治时局的观念，所以胡兰成的身份问题也就无法变成他们之间的障碍。她在一封信中对胡兰成说：“我想过，你将来就是在我这里来来去去亦可以。”

也许她只在乎胡兰成当下对她的爱，其他的，她都不愿多想。

然而，真心一动，便不再洒脱。曾有一次，张爱玲说："你说没有离愁，我想我也是的，可是你上回去南京，我竟要伤感了。"后来，在《双声》中张爱玲也提及，在男女关系上"也免不了妒忌之心"。

张爱玲不像胡兰成那样无谓潇洒，她也像其他女子一样向往纯净美好的爱情，向往忠贞刻骨的不可替代的属于自己的爱情。同时，张爱玲又是高傲的、矜持的，她的自尊不容许她去勉强胡兰成，更不容许一段靠乞求得来的婚姻。她可以为爱低至尘埃，却断不能为世俗名分而委曲求全。只是，这孤傲的背后，她独自支撑的苦涩与苍凉，有谁能够感知和体会呢？

"变得很低很低，但她的心里是欢喜的，从尘埃里开出花来。"皆因她欢喜，皆因珍惜懂得，所以某些事，某些人，张爱玲可以放低要求，放下自尊，可以视而不见，无奈而慷慨。

4. 愿岁月静好

1944 年 8 月，胡兰成与第二任妻子离婚。

一封信，一首诗，一张小照，一句"因为懂得，所以慈悲"，将那层朦胧的纱轻轻揭去，他们结婚了。一个是年近不惑的风流才子，结过婚，情场上阅人无数；一个是芳龄正好的文坛才女，之前的爱情世界干净似一张纯白的纸。无论在外人眼里如何不般配，他们却不管不顾，执手走到一处。

终于，张爱玲与胡兰成结婚了。没有张灯结彩，没有高朋满座，年轻的贵族后裔、当红女作家，就这么低调地、悄无声息地嫁了。胡兰成担心日后时局变动，自己的经历和身份会拖累张爱玲，所以，没有走法律程序，也没有任何仪式，只有一纸婚书为凭，张爱玲的好友炎樱为证。

婚书是张爱玲与胡兰成合写的，张爱玲提笔：胡兰成与张爱玲签订终身，结为夫妇。冰冷的公文格式，在张爱玲看来却是一字千金，字字承诺。胡兰成提笔在后面写道：愿使岁月静好，现世安稳。是美好的期许，也是温情却虚无缥缈的承诺。

婚后一段时间，二人相处得极为融洽。胡兰成对张爱玲的文学才华极为推崇，曾对张爱玲的散文与小说赞不绝口："如果拿颜色来比方，则其明亮的一面是银紫色的，其阴暗的一面是月下的青灰色。"

胡兰成懂得张爱玲的文字：

是这样一种青春的美，读她的作品，如同在一架钢琴上行走，每一步都发出音乐。但她创造了生之和谐，而仍然不能满足于这和谐。她的心喜悦而烦恼，仿佛是一只鸽子时时要想冲破这美丽的山川，飞到无际的天空，那辽远的，辽远的去处，或者坠落到海水的极深去处，而在那里诉说她的秘密。她所寻觅的是，在世界上有一点顶红顶红的红色，或者是一点顶黑顶黑的黑色，作为她的皈依。

但如此多才的张爱玲在生活中却显得那样单纯而幼稚，还有一些固执。因为喜欢忠于自己的内心喜好，张爱玲的衣着自然不会与普通人类似。有时，她会穿上绣花的短衣长裤，一副古典装束，无视于行人的侧目，独自在街上行走，兀自陶醉于曾在戏台上看到或从小说里读到的某个人物形象，也许是用别人的回头率来证明自己的存在。

有一次，胡兰成带张爱玲去参加一个宴会，张爱玲很少出席此类活动，所以那天的张爱玲依旧我行我素，衣着怪异，加上她不善与人交流，让人感觉木讷、缺乏生气。而这一切，胡兰成是包容的，甚至是赞赏的，“她不是以孩子的天真，不是以中年人的执着，也不是以老年人的智慧，而是以洋溢的青春之旖旎，照亮了人生”。

张爱玲最喜欢新派的绘画，胡兰成会经常带一些画册回去和她一起讨论。新派的绘画是把形体绘成图案，然后用不同的颜色来填充以表达意境。张爱玲曾经给胡兰成看过她在香港时的绘画作品，把许多人集中画在一幅画上，上面有嘴里念念有词的女人，有毕恭毕敬、柔顺的女仆人，势利尖刻的房东太太，妩媚妖娆的舞女等。张爱玲说因为当时没有纸，所以都画在一起，但恰恰是这样的一幅画却构成了颇有古典意味的图案。还有一幅画，是一位朋友替她涂的青灰色背景，张爱玲由衷地赞叹：“这真如月光一般。”一句话点出了深邃静谧的意境，也体现了她敏锐的色彩感受力。

就这样，张爱玲迎来了她人生中第一段静好安稳的婚姻岁月。只是幸福的日子太短暂了。

1944年底，时局愈发动荡，日军在中国的侵略势力已经濒临绝境，胡兰成作为汪伪政府的官员，危机感越来越强。

某个傍晚，两人依偎在阳台上，望着沉沉的暮色，不免心生悲悯。张爱玲素不闻政治，但政治局势与胡兰成的命运息息相关。胡兰成把眼下的时局以及自己可能的遭遇讲给张爱玲听，他说："将来日本战败，我大概还是能逃脱这一劫的，就是开始一两年恐怕要隐姓埋名躲藏起来，我们不好再在一起的。"

此番话语让张爱玲内心不安，真切体会到了在汉乐府中"来日大难，口燥唇干，今日相乐，皆当喜欢"这句语的含义，感觉身临其境。然而张爱玲仍强笑道："那时你变姓名，可叫张牵，或叫张招，天涯海角有我在牵你招你。"阳台上，你侬我侬的男女，映衬在夕阳下，身后是俩人长长的剪影。只是这静静的美好，在外面的动荡大势之下，已显得疲惫不堪，周身难掩悲戚落寞之感。

1944年11月，胡兰成调任武汉，在汉口特务部控制的《大楚报》任社长，开始了与张爱玲长期分离的生活。在分离初期，二人鸿雁传书，你侬我侬。张爱玲在书信中向胡兰成娓娓讲述生活的细琐，在那琐碎之中细细传达着对胡兰成的思念与牵挂。每次收到回信，张爱玲就如获至宝般反复研读，亦忧亦喜，一颦一笑间满是对胡兰成的期待与依靠。漫漫长夜，一封封书信温暖了张爱玲孤寂的内心。

那是一个动荡不安的年代，不时响起的警报声和空袭爆炸声将每一个人内心的惶恐逼出。来到武汉后，胡兰成见识了越来越密的空袭。"武汉灰尘蒙蒙，衣裳才换洗就又龌龊。大家都一身烟火气，暴躁难禁，见面无别话，只讲说炸弹，像梦中呓语。越是要说，越咬不清字。”

曾经，他在回忆中提到，他在路上突然遇到了轰炸袭击，车水马龙的道路顿时慌乱一片，哭喊号啕声不绝于耳。“正到达铁路线，路边炸成两个大坑，尸体倒植在内。我不敢看他，但已经看见了。在人群跑步的啦啦声里，一架飞机就从头顶俯冲下来，发出那样惨厉的声响，我直惊得被掣去了魂魄，只叫得一声爱玲。”胡兰成在《今生今世》中描写的那些骇人的场景和惶恐的心情在张爱玲的《小团圆》中皆有印证。

5. 另筑爱巢

感情，处在战火纷飞的年代、饥寒交迫的岁月，是一种考验，也是一种保护。因为动荡惶恐，毫无保障，便是考验；因为缺乏安稳，缺乏闲逸，便是保护。多年以后，不知张爱玲是否已体味到此中缘由。在《倾城之恋》中，各自算计、各自奔忙的男女，看透了人世的繁华与凉薄，彼此在意又彼此防备。

乱世里，做一对平凡的烟火夫妻很难。何况胡兰成是把自己系于政治辫梢上的人，张爱玲知道，他选择的这条叛国之道，终究会让他从高处摔下来。她倒希望如此，她想，那样的话，胡兰成就可以远离政治，只陪她读书写作。但她不曾察觉，胡兰成的爱是那样无力。他的心太浅，承载不了她太深的爱。

战争如同一双无形的手，推着胡兰成去了武汉，只是没想到，武汉又为他开出一朵尘埃里的花来。

胡兰成一离开，张爱玲难免心生寥落。这次离开不同于以往小别，胡兰成去南京时，张爱玲可以尽享清净，在一个人的时光里，静思冥想。如今时局动荡，远在上海的张爱玲，只影孤灯，她低眉写下："听到一些事，明明不相干的，也会在心中拐好几个弯想到你。"

而此时的胡兰成在汉阳医院休养期间，结识了 17 岁的护士周训德。胡兰成说她："虽穿一件布衣，亦洗得比别人的洁白，烧一碗菜，亦捧来时端端正正。"周训德家境贫寒，父亲因病去世，自己的母亲只是个妾。她人很勤快，也热情，难得的是个性大方，不惧怕生人。

一天，周训德正和其他护士嬉闹，无意间看到了胡兰成，便孩子气地叫了声"胡社长"。于是，胡兰成问了她的名字，此时江边突然传来爆炸声，众人心神未定时，胡兰成说道："这是初次问名，就这样惊动。"这种新鲜的说法让单纯的小姑娘顿觉他不是普通的人，心中已然暗生敬佩之意。

那之后，胡兰成经常邀请周训德在江滩上散步，一起到归元寺，上琴台，同游月湖。"琴台造得那样轩畅响亮，筑基郊原上，下临月牙湖，四面大风吹来，只觉是在青天白日里，无迹可求。""六月荷花开，先到月牙湖坐小船，撑入荷花深处，船舷与水面这样近，荷花荷叶与人这样近。"时间一长，胡兰成便开口求爱了。

最初周训德的心里是有着戒备的，她知道胡兰成是有家室的，加上她目睹母亲做妾的痛苦，所以她不想步母亲的后尘，何况胡兰成的年纪比她大许多。因此，她并不愿意接受胡兰成。

胡兰成并没有止步，反而加紧了爱的攻势，他的经历和成熟使他有足够的自信。17 岁的少女，如何抵挡得住胡兰成那般的甜言蜜语。最后，周训德难敌胡兰成的猛烈求爱，两个人的关系也渐渐暧昧了起来，而胡兰成也没有向周训德隐瞒张爱玲的存在。

其实，张爱玲对此也并非一无所知，胡兰成在去武汉后寄来的第一封信里就提及了小周，并对其大加赞扬。在《小团圆》中，张爱玲曾对此有过描述："他去华中后第一封信上就提起小康小姐……有个看护才十六岁，人非常好，大家都称赞她，他喜欢跟她开玩笑。"尽管张爱玲的心中也有芥蒂，但她对爱情是盲目的，以至于过分自信，也是盲目相信。她以为这是由"刚出狱的时候一种反常的心理，一条命是捡来的"或者是"感情没有寄托"导致的。这些女人终究不过是过客，不能作数。

然而，她不了解胡兰成到底是怎样的一个人。他对女人的要求是丰富的，他不仅需要有张爱玲般的才华来提升自己的思想，也需要周训德般普通的小女生式的灵动、活泼，还需要贤惠持家式的女人。张爱玲一厢情愿地认为，胡兰成对小周不过是欣赏罢了。于是，她在回信中淡淡地说："我是最妒忌的女人，但是当然高兴你在那里生活不太枯寂。"

张爱玲的内心是执着而骄傲的，理性上可以接受的多妻主义，在现实中则难以接受。她曾这样说过："如果另外的一个女人是你完全看不起的，那也是我们的自尊心所不能接受。结果也许你不得不努力地在她里面发现一些好处，使得你自己喜欢她。是有那样的心理的，当然，喜欢了之后，只有更敌视。”张爱玲对于护士周训德的事情虽惆怅幽怨，但并不多言。此时，她的内心是矛盾的：自尊与隐忍，不舍与妥协。

胡兰成与小周终究还是走到了一起，他们同居了。与此同时，胡兰成在写给张爱玲的信中越来越频繁地提及小周。如此，即便是再愚笨的女人也明白发生了什么。“他也不短提起她，引她的话，像新做父母的人转述小孩的妙语。”张爱玲渐渐明白他们之间远非自己想象的那般简单。

只是，张爱玲的醒悟为时已晚。

不久就是春节了，胡兰成没有回上海，而是陪小周在武汉过年。张爱玲依然如小时候一样，“一切的繁华热闹都已经成了过去了，我没有份了”。此时，孤寂和失落排山倒海般，涌向张爱玲的心头。

3月，胡兰成因为要去南京办事，顺道回了趟上海。这次见面，两人都明显地感觉到了变化，隔阂在两人心中慢慢滋生，关系大不如从前。胡兰成开口闭口全是小周，张爱玲“心里乱刀砍出来，砍得人影子也没了”。没待多久，胡兰成又回到小周那去了，此后虽然与张爱玲也有书信往来，但字里行间全然不是从前的味道了。

感情的折磨与困扰占据了她的内心，张爱玲这段时间的创作力大不如前，唯一能做的只是把从前的旧作进行改编与再创作——改为话剧或者电影剧本。

此时的张爱玲仿佛置身于烈日炎炎的沙漠中，她无法走出去，也没法呼救，只能任自己苦苦地煎熬着。这样的日子持续了很久，她经常会做梦，一个人，孤单地做些光怪陆离的梦。以至于当胡兰成忽然来电话说要回来的时候，“听见他的声音，她突然一阵轻微的眩晕，安定了下来，像是往后一倒，靠在墙上，其实站在那里一动也没动”。

张爱玲一直在忍耐，忍受着胡兰成的薄情，也忍受着自己的痴傻，然而，爱得越深，恨得也越深，最终难逃由爱生怨的结局。

那时已经是 1945 年了，胡兰成自知时局越发不稳。在《今生今世》里他有过这样一段描写：“忽一日，两人正在房里，飞机就在相距不过千步的凤凰山上俯冲下来，用机关枪扫射，掠过医院屋顶，向江面而去。我与训德避到后间厨房里，望着房门口阶沿，好像乱兵杀人或洪水大至，又一阵机关枪响，飞机的翅膀险不把屋顶都带翻了。说时迟，那时快，训德将我又一把拖进灶间堆柴处，以身翼蔽我……”他深知自己的所作所为必定要被打成汉奸，轻则面临牢狱之灾，重则会丢了性命，便早早盘算着逃命。

1945 年 8 月 15 日，日本投降，胡兰成的末日终于来了。他去了乡下，化名张嘉仪，虽不似当初的约定叫张牵或是张招，但称自己是张爱玲祖父张佩纶的后人，住在青年时期曾经寄住的诸暨斯家。

斯家的儿子斯颂德是胡兰成的高中同学。斯家有个庶母名叫范秀美，比胡兰成年长两岁。斯家人安排胡兰成去温州范秀美的娘家避难，由范秀美相送。胡兰成在乡下安顿好后，便开始四处找活儿维持生计，范秀美帮了胡兰成不少忙。落难之际，能得到他人的帮助本已感激不尽，何况范秀美是个不折不扣的美人，于是，胡兰成的心又动了。

战争带给人们的恐慌是巨大的，那段日子因为有了范秀美的陪伴，胡兰成倍感美妙。而他与范秀美最后得以相融，是在从浙江金华去丽水的路上，两人倒也坦诚，彼此都介绍了各自的经历和现状。当两人终于做了露水鸳鸯，胡兰成的心里终有一丝顾虑，反倒是范秀美安慰他一番，说："你与斯家，只是叫名好像子侄，不算为犯上。我这人是我自己的，且他们娘是个明亮的。"如此，胡兰成的顾虑尽数消除，两人水到渠成，以夫妻相称。

1946 年 2 月，张爱玲几经辗转，千里迢迢来到温州看望胡兰成。她说："我从诸暨丽水来，路上想着这是你走过的，及在船上望得见温州城了，想你就在那里，这温州城就像含有珠宝在放光。"当初足不出户的冷清之人，如今却为了寻夫一路跋山涉水。患难中的相聚本应何其美好温暖，只是，本性难改的胡兰成已然心系他人了。

张爱玲的到来大大出乎胡兰成的意料。他"一惊，心里即刻不喜，甚至没有感激"，表面上的解释为"不欲拖累妻子"，实则嫌弃，视其多余。

张爱玲住在城中一家旅馆，胡兰成并未把范秀美的事告诉她，二人一同外出逛街，一起品评文字，似乎又恢复了昔日的生活。只是终究各怀心事，生分如宾客。而对于范秀美的身份，张爱玲早已心生疑惑，只是隐忍不发。

某清晨，胡兰成与张爱玲正在旅馆交谈，突觉腹痛，却忍着未提。片刻，范秀美来了，胡兰成一见她就对她说自己不舒服，范秀美详细询问并叮嘱几句。眼见二人的亲昵，张爱玲顿时心生惆怅，她俨然是局外人。

有一次，张爱玲夸范秀美长得漂亮，要为她画像。可刚勾出脸庞，画出眉眼鼻子，张爱玲忽然就停笔不画了，唯留凄然。范秀美走后，胡兰成一再追问，张爱玲才说："我画着画着，只觉得她的眉眼神情，她的嘴，越来越像你，心里好不震动，一阵难受，就再也画不下去了。"

终于，张爱玲要胡兰成作出选择，胡兰成搪塞道："我待你，天上地下，无有得比较，若选择，不但与你是委屈，亦对不起小周。人世迢迢如岁月，但是无嫌猜，按不上取舍的话。"

张爱玲只说道："你说最好的东西是不可选择的，我完全懂的。但这件事情还是要请你选择，说我无理也罢。"

"你与我结婚时，婚帖上写'现世安稳'，你不给我安稳？"

胡兰成含糊的态度刺伤了张爱玲。后来，张爱玲写道："生命是残酷的，看到我们缩小又缩小的怯怯的愿望，我总觉得有无限的惨伤。"

第二天，在漫天的细雨中，张爱玲带着失望离开温州。几天后，她从上海寄信一封给胡兰成："那天船将开时，你回岸上去了，我一人雨中撑伞在船舷边，对着滔滔黄浪，立涕泣久之。"曾经相知相惜的爱情，奈何刹那芳华，正是胭脂泪，相留醉，几时重？自是人生长恨水长东。

6. 萎谢之花

“人生若只如初见，何事秋风悲画扇。等闲变却故人心，却道故人心易变。”也许，胡兰成和张爱玲的爱情可以预见结局，只是这结局来得突然，却又在情理之中，在胡兰成与小周、范秀美在一起时，这结局就显而易见了。

后来，胡兰成为躲避户口检查，又一次躲藏于诸暨斯家。这期间，他悄然寄信给张爱玲，告知自己的行踪，以报平安。张爱玲深知他的处境危难，见信感慨万分。9 月，胡兰成抵南京，几天后，又从南京乘火车到上海。

张爱玲曾对胡兰成的前途倍感担忧。胡兰成离开上海后 10 天，重庆当时的国民政府就公布并实施了《处置汉奸条例草案》，汪伪政府各类汉奸被抓起来的甚多。在公布的汉奸名单上，胡兰成榜上有名。看到自己的名字跃然纸上，逃亡路上，胡兰成如惊弓之鸟。

以前在爱丁顿公寓居住时，胡兰成就提到有逃至日本的打算。张爱玲听后，说曾听外祖父讲起李鸿章的一件往事。李鸿章曾代表清朝政府与日本签订《马关条约》，为此深感耻辱，发誓“终身不复履日地”。后来他赴俄国签订《中俄条约》，要在日本换船，日本方面早在岸上准备好了住处，可他拒绝上岸。这事表面上与胡兰成毫不相干，但实则是张爱玲在劝他不要将自己逼至更深的绝境。胡兰成听后，陷入沉默。

随后，胡兰成流转杭州、绍兴，再到诸暨，住斯颂德家。当时送胡兰成的是斯家老四。转至张爱玲家，胡兰成摆出户主派头，责备张爱玲不善招呼宾客。本就身心俱疲的张爱玲，一听责备立时激动起来，说道："我是招待不来人的，你本来也原谅，但我亦不以为有哪桩事是错了。"

当夜，两人分室而居。第二天清晨，胡兰成去张爱玲的床前道别，张爱玲伸出双手紧紧抱着他，泪水涟涟，哽咽中，千言万语只化作一句"兰成"，就再也无法开口。而无论胡兰成是否愿意听，这是张爱玲最后一次这样叫他了。两人的最后一面就这样落幕了。

1945 年，抗战胜利以后，民众对于敌伪势力的仇恨爆发出来，舆论陷入对沦陷时期汉奸卖国行为和人员的声讨中。那时，报纸等刊物几乎每天都刊登敌伪分子的名字，斥之为"漏网汉奸"，要求加以严厉处罚。国民政府回到南京以后，旋即颁布了《惩办汉奸条例》，其中包括文化汉奸。与张爱玲相识在沦陷时期、担任过一些伪势力职务的文人，有些已经像胡兰成般逃跑了，有些已经锒铛入狱，有些改弦更张换了身份。张爱玲虽然不算敌伪势力，但是当时的社会舆论却堪比当局律例，报纸上俨然出现了张爱玲的名字。

张爱玲早先在《杂志》《古今》等背景复杂的刊物上发表过作品，并参加了其主办的一些活动。其间，舆论更多的是对她和胡兰成之间的关系进行指责。在传统的观念中，政治立场与个人情感生活往往是不可分割的，往日在小报上出现的似是而非的花边新闻，在此刻也演变成她以身待敌的证据。此时，张爱玲受到众人的口诛笔伐，处境堪忧。

张爱玲面临的，不仅仅是爱情的波折与萎谢，还有她的文思。在和胡兰成共同生活时，张爱玲虽勤于耕作，但在小说创作上已显衰退之色。虽有《红玫瑰与白玫瑰》等作品问世，但是已经无法与《金锁记》《倾城之恋》相提并论。1944 年 1 月，在《万象》上连载的长篇小说《连环套》，已经有所敷衍粗糙，直至连载 6 期之后，不了了之。

就在这年 5 月，有一位文坛人士匿名发表了一篇文章，对张爱玲的《连环套》给予批判。此人就是当时蛰居上海的翻译家傅雷。他以“迅雨”为笔名，写了一篇题为《论张爱玲的小说》，在当月的《万象》上发表。在这篇文章中，傅雷首先认可了张爱玲的才华，“是让人始料未及的奇花异卉”，特别是《金锁记》，“该列为我们文坛最美的收获之一”；紧接着，就开始了指责抨击，说张爱玲的作品中，主人公皆为遗少和小资，“全都为男女问题这噩梦所苦”，说《连环套》是“熟极而流”，摒弃有意义的主题和作者擅长的文学技艺，敷衍读者，不负责任。

傅雷断言“《连环套》逃不过刚下地就夭折的命运”，并警告张爱玲“除了男女以外，世界究竟还辽阔得很”，结尾为“一位旅华数十年的外侨和我闲谈时说起，奇迹在中国不算稀奇，可是都没有好下场。但愿这两句话永远扯不到张爱玲女士身上”。

两个月后，张爱玲写的《自己的文章》一文在《新东方》杂志上发表，即为对“迅雨”评论的回应。文中提到“我发现弄文学的人向来是注重人生飞扬的一面，而忽视人生安稳的一面。强调人生飞扬的一面，多少有点超人的气质。超人是生在一个时代里的，而人生安稳的一面则有永恒的意味”。

张爱玲虽然并不认同傅雷的批评，但自信心严重受创，主动腰斩《连环套》，并且在日后也未将其收入作品集中。直到1952年，张爱玲去香港，结识了宋琪夫妇，才得知“迅雨”即为傅雷，惊讶不已却也并未多言。

1944年秋，日本出资的刊物《苦竹》面世，这是胡兰成在南京主办的，张爱玲当时将《桂花蒸阿小悲秋》等3部作品先后发表在此刊上，亦是表示支持。

此时的张爱玲在写作上已经势头大减，但因当时《传奇》正出版，境况还是不错的。《传奇》的封面是她本人设计的，漫天的孔雀蓝色，印着黑字，没有印章，没有留白，透着作者的艳烈与惆怅。后来再版，那时正当她和胡兰成低调结婚，好友炎樱为《传奇》再版画了一幅画，“炎樱画的封面，像古绸缎上盘了深色的云头，又像黑压压涌起了一个潮头，轻轻落下许多嘈切嗾嚓的浪花。细看却是小的玉连环，有的三三两两勾搭住了，解不开；有的单独像月亮，自归自圆了；有的两个在一起，只淡淡地挨着一点，却已经事过境迁，用来代表书中的人相互间的关系，也没什么不可”。书的序是这样写的：“生命也是这样的吧，它有它的图案，我们唯有临摹。所以西洋有这句话：‘让生命来到你这里’。”将图画比作生命，比作人相互间的关系，唯有临摹，不可改变，悲观而又无奈。

1944年底，张爱玲的《倾城之恋》正值改编、上演。也就是在这次首演之后，电影导演桑弧决意要和张爱玲合作。一时间，各大报纸竞相报道，好评如潮。然而，物极必反，盛极而衰，在张爱玲的文学生涯到达顶峰之时，时局的变化带来了致命打击。

抗战胜利后，张爱玲陷入“文化汉奸”的舆论旋涡。虽然，随着抗战胜利，大批后方人员返回上海，欣赏张爱玲的读者人群也有所增加，为其打抱不平的人也有。比如当时左翼文学的代表人物之一郑振铎，出面邀请当时返沪的女作家赵清阁发文，对于张爱玲的作品予以正面积极的评价。赵清阁在抗战时写了不少正面题材的话剧作品，与老舍、茅盾等文坛巨匠关系甚密，以她的身份讲话，分量颇重。

张爱玲不像她的朋友苏青那般急于为自己辩驳。苏青在《续结婚十年》卷首中一文《关于我——代序》里辩道：“是的，我在上海沦陷期间卖过文，但那是我适逢其时，盖亦不得已耳，不是故意选定这个黄道吉期才动笔的。我没有高喊什么打倒帝国主义，那是我怕进宪兵队受苦刑，而且即使无甚危险，我也向来不高兴喊口号的。我以为我的问题不在于卖文不卖文，而在于所卖的文是否危害民国。否则正如米商也卖过米，黄包车夫也拉过任何客人一般。假使国家不否认我们在沦陷区的人民也尚有苟延残喘的权利的话，我就是如此苟延残喘下来了，心中并不觉得愧怍。”苏青的反驳是激烈的，颇有几分剑拔弩张的意味。

但是，张爱玲是不同的，内心的孤傲不屑于去辩驳什么。因为，在她看来，辩驳的同时，就是一种妥协。而外在上，她的确是和胡兰成结婚了的，纵使低调成婚，毕竟是事实。另外，上海沦陷时期的《杂志》等刊物已经停办，取而代之的主流刊物是《文艺复兴》这样的纯文学刊物，张爱玲与此种刊物素来无交往，又基于当时的社会舆论压力，也没有报刊会主动为她辩白，因此张爱玲失去了与公众沟通的途径。其后一年有余的时间里，张爱玲沉默着。

一直保持沉默的张爱玲，直到1946年底，借山河图书公司出版《传奇》增订本之机会，发表了一篇《有几句话同读者说》的文章。文中，她简单说明了辞去大东亚文学者大会代表之事，声明没有向公众说明私生活的义务，并对此前一段时间的质疑作出回应，文中说：

我自己从来没想到需要辩白。但是一年来常常被议论到，似乎被列为文化汉奸之一，自己也弄得莫名其妙。我所写的文章从未涉及政治，也没有拿过任何津贴。想想看我唯一的嫌疑要么就是所谓“大东亚文学者大会”第三届曾经叫我参加，报上登出的名单内有我；虽然我写了辞函去（那封信我还记得，因为很短，仅只是：“承聘第三届大东亚文学者大会代表，谨辞。张爱玲谨上。”），报上仍旧没有把名字去掉。

至于还有许多无稽的谩骂，甚而涉及我的私生活，可以辩驳之点本来非常多。而且即使有这种事实，也还牵涉不到我是否有汉奸嫌疑的问题。何况私人的事本来用不着向大众剖白。除了对自己家的家长之外仿佛我没有解释的义务，所以一直缄默着。同时我也实在不愿意耗费时间与精神去打笔墨官司，徒然搅乱心思，耽误了正当的工作。但一直这样沉默着，始终没有阐明我的地位，给社会上一个错误的印象，我也觉得是对不起关心我的前途的人。所以在小说集重印的时候写了这样一段作为序。反正只要读者知道了就是了。

而因为头顶“文化汉奸”的嫌疑，张爱玲的作品也受到巨大冲击，报纸、刊物顾虑社会舆论压力，自然与她保持距离。

1945 年后，她的创作进入了低谷，直至 1947 年 4 月，才发表了小说《华丽缘——一个行头考究的爱情故事》。在内外夹击的压力下，张爱玲搁笔断文，从 1945 年 4 月至 1947 年 4 月，轰轰烈烈的橙色时代悄然褪色，张爱玲在这两年时间内，从文坛彻底隐退了。

直至多年以后，张爱玲在台湾再度家喻户晓，曾有人对她的文风、主题等提出异议。刘心皇在一篇文章中写道：“关于她的散文和小说，可以说是声情并茂，毛病甚少。可悲的是她在抗战时期，没有到大后方，而留在沦陷后的上海，又偏偏没有和从事抗战工作的人员联络，而终日和伪政府组织的高级人员混在一起，又和他们之中的一个同居，这是特别令人注意的。她虽然在文字上面没有替他们宣传，但从政治立场来看，不能说没有问题。国家多难，是非要明，忠奸要分。”而今看这些评论，除了体会其中的无稽与莫名其妙，更加体现了当时张爱玲与胡兰成的一段情感纠葛所带来的影响之深久。

而在张爱玲的作品中，对于家的描述也是一致的负面基调。作品里的家，往往既是文章的背景，又暗含了人物的命运结局。比如《沉香屑：第一炉香》中的上海女孩葛薇龙投奔香港姑妈，那个家就是“鬼气森森的世界”，充满着“晚清末年的淫逸空气”。再如《十八春》悲剧的爱情里，对于家的描述也是卑鄙的。亲人之间的算计陷害，亲情的淡漠缺失，留下“永远隐藏在心底的一个恐怖的世界”。这般描述，其实是一种宣泄，因为灰色的童年，对世态炎凉的看透，对人生不易的怜悯。

张爱玲曾对胡兰成说：“我倘使不得不离开你，亦不致寻短见，亦不能再爱别人，我将只是萎谢了。”历经与胡兰成的这段感情，从炙热到决绝，带给张爱玲巨大的创伤与冲击。在她的短篇小说《五四遗事》中曾有过这样的描述：一个以自由恋爱为初衷的故事，自诩新时代人物的男主人公最后却娶了三房妻妾。这样的故事梗概，无不透露着她和胡兰成之间的感情痕迹以及对此事的讽刺与心酸。

7. 各自天涯

爱来了，就要全身心地投入，没有什么能阻挡张爱玲打开心扉，无论是政治的差距，还是亲人的劝阻，都抵挡不住那颗疯狂的心。但当看清一切，决意离开时，任何事情亦不能阻止她，因为她的骄傲、淡然、不愿勉强自己。对胡兰成的感情也一样，相爱时，飞蛾扑火，不计后果；离开时，果断、利落，不留下任何痕迹。

温州一别，此后几个月，张爱玲和胡兰成仍偶有书信往来。她仍常给他寄钱，用自己的稿费接济他，在后来胡兰成写给张爱玲的信件中也有提及：

因时局发展，我又辗转武汉，在那里认识小周，自此背信于你。可是生在那个动荡的年代，人人都要疯掉了。次年，日本无条件投降，我被划为文化汉奸被政府通缉，到温州老家避难，与秀美成婚。你来看我，要我于小周同你之间做出选择，我不愿舍去小周，更不愿失去你，我无法给出选择，你在大雨中离去。间隔没几日，我又回到上海，去你那里，我们再不像从前那般亲近，甚至我轻触你手臂时，你低吼一声，再不愿我碰你。我睡了沙发，早晨去看你，你一伏在我肩头哽咽一声“兰成”，没想到那竟是我们最后一面。我起身离去，回到温州。数月后收到你寄来的诀别信，随信附一张三十万的支票，是你的《太太万岁》和《不了情》的剧本费。

1947 年 6 月 10 日，张爱玲给胡兰成寄去了最后通牒：

我已经不喜欢你了，你是早已不喜欢我的了。这次的决心，是我经过一年半的长时间考虑的。彼时唯以小吉故，不欲增加你的困难。你不要来寻我，即或写信来，我亦是不看了。

信里说的小吉是小劫的隐语，这种地方尚见患难夫妻之情。

张爱玲曾经描述高更的画作《永远不再》：“……像这女人。想必她曾经结结实实恋爱过……在我们的社会里，年纪大一点的女人，如果与情爱无缘了还要想到爱，一定要碰到无数小小的不如意，龌龊的刺恼，把自尊心弄得千疮百孔，她这里的却是没有一点渣滓的悲哀，因为明净，是心平气和的，那木木的棕黄脸上还带着点不相干的微笑。”爱情带给女人的伤和暖，都会在她的脸上显露无遗。但凡心平气和的女子，脸上的怡然神色均是无忧生活的写照。同样，眉宇间掩藏不住的哀伤，也是生活中的龌龊刺恼所致。

在《小团圆》里，张爱玲曾写出一个女人隐痛地、苦苦地挣扎的过程：

他坐了一会站起来，微笑着拉着她一只手往床前走去……在暗淡的灯光里，她忽然看见有五六个女人……一个跟着一个，走在他们前面。她知道是他从前的女人，但是恐怖中也有点什么地方使她比较安心，仿佛加入了人群的行列。

因生活的细琐而起争执，显现的却是婚姻的本质。原本慈悲、懂得的感知之心，在经历了轰轰烈烈的热恋之后，终于回归现实。

正如在《红玫瑰与白玫瑰》中，张爱玲对于男女相恋的解读："也许每一个男子全都有过这样的两个女人，至少两个。娶了红玫瑰，久而久之，红的变成了墙上的一抹蚊子血，白的还是'床前明月光'；娶了白玫瑰，白的便是衣服上的一粒饭粘子，红的却是心口上的一颗朱砂痣。"当天上人间的氤氲之气逐渐消散，取而代之的是生活的凡俗琐碎，当初被胡兰成视为"九天玄女"启他神智的张爱玲，也终于光环散尽。

张爱玲之于胡兰成是影响至深的。因为结识了张爱玲，在潜移默化中，张爱玲的敏捷才思、细腻独特均深深影响了胡兰成，以致在日后的《山河岁月》中，胡兰成在行文之中不免流露出张爱玲式的文字情思。而胡兰成带给张爱玲的震撼却更为刻骨。生性冷清，本性孤傲，满腹才情，却奈何所遇非人。只是文字已矣，情已错付，与胡兰成的相遇终究成为张爱玲生命中不能言说之殇。

后来，胡兰成曾经写信给张爱玲的好友炎樱，本意做挽回之举。但是，就像他描述的那样，果敢决然的张爱玲并不理睬，炎樱亦没有回复。这在胡兰成的信件中也有体现：

> 上次遇见炎樱，炎樱说我们“两个超自以为是的人，不在一起，未必是个悲剧”。我说：“爱玲一直在我心上，是爱玲不要我了。”听了这话炎樱在笑，又说：“两个人于千万人当中相遇并且性命相知的，什么大的仇恨要不爱了呢，必定是你伤她心太狠。有一次和张爱一起睡觉，张爱在梦中喊出‘兰成’二字，可见张爱对你，是完全倾心，没有任何条件的，哪怕你偷偷与苏青密会，被她撞个正着。还有秀美为你堕胎，是张爱给青芸一把金手镯让她当了换钱用。这些，虽然她心头酸楚，但也罢了，因为你在婚约上写的要给她现世安稳的。”

此后一段时间，二人并无往来，直到20世纪50年代初，胡兰成移居日本，与吴四宝的遗孀佘爱珍同居。而当时张爱玲已离开了大陆。

胡兰成收到了一张明信片，没有抬头，没有署名，只有熟悉的字迹：“手边若有《战难，和亦不易》《文明与传统》等书（《山河岁月》除外），能否暂借数月做参考？”后面是张爱玲在美国的地址。

胡兰成喜出望外，自以为张爱玲对他仍旧旧情难忘，便马上按地址回了信，并附上新书与照片。

爱玲：

《战难，和亦不易》与《文明的传统》二书手边没有，唯《今生今世》大约于下月底可以付印，出版后寄你。《今生今世》是来日后所写。收到你的信已旬日，我把《山河岁月》与《赤地之恋》来比并着又看了一遍，所以回信迟了。

时至半月，等到《今生今世》的上卷出版之时，他又寄书过去，作长信，为缠绵之语。

爱玲，记否我们初见时我写给你的“因为懂得，所以慈悲”？如今看来，我终究是不能明白你的。你原是极心高气傲的，宁可重新回到尘埃之中，也不甘让我时时仰望了。之前我竟一直愚笨到想你永远是我窗前的那轮明月，我只要抬头，是时时都能仰望见你的。

忽儿又想起那日你对我说：“我自将萎谢了……”不，爱玲，我立时慌张起来，你要好好的。我去找你，熟悉的静安寺路，熟悉的一九二号公寓六楼六五室，矗立门前，门洞紧闭。我曾经无数次地在门洞打开后看到你可爱的脸，可是你毕竟是不在了。六三室的妇人粗声对我说六个月前你已经搬走。我想象不出那一屋的华贵随你到了哪里，那一层金黄的阳光如今移居到了哪儿，还有那随风翻飞的蓝色窗帘遗落在何处。离开的时候第一次没走楼梯，我在这昏黄的公寓楼梯间里隔着电梯的铁栅栏，一层层地降落，仿佛没有尽头，又恍惚如梦，我仿佛是横越三世来见你的，而你却不在。

想你与我之间的事，仿佛是做了一场梦，你是一直清醒着的，而我……

梦醒来，我身在忘川，立在属于我的那块三生石旁，三生石上只有爱玲的名字，可是我看不到爱玲你在哪儿，原是今生今世已惘然，山河岁月空惆怅，而我，终将是要等着你的。

但是，对于这一切，张爱玲并不为所动。曾经的伤害幻化成心底的伤疤，随着时间的流逝慢慢愈合、坚硬。她对看透的人性，不再存有幻想；对看破的虚情假意，亦不会动容。胡兰成的信张爱玲收到后一概不回，末了才寄去一张短笺。

兰成：

你的信和书都收到了，非常感谢。我不想写信，请你原谅。我因为实在无法找到你的旧著作参考，所以冒失地向你借，如果使你误会，我是真的觉得抱歉。《今生今世》下卷出版的时候，你若是不感到不快，请寄一本给我。我在这里预先道谢，不另写信了。

生疏的客套，生生拉开了二人之间的距离，简短的话语，鲜明地亮出自己的态度。这一段铭心刻骨的爱情，就这样彻底告终。她在《金锁记》的开头写道：

我们也许没赶上看见三十年前的月亮，年轻的人想着三十年前的月亮应该是铜钱大的一个红黄的湿晕，像朵云轩信笺纸上落了一滴泪珠，陈旧而迷糊。老年人回忆中的三十年前的月亮是欢愉的，比眼前的月亮大，圆，白，然而隔着三十年后的辛苦路往回看，再好的月亮也不免带点凄凉。

张爱玲笔下的恋爱男女，故事的起始，爱得刻骨铭心，至死不渝，而到了尾声之时，皆逃不过苍凉凄然的离别。恍如一切如过眼云烟，飘散在漫漫岁月之中。“我本将心向明月，奈何明月照沟渠”，真心错付，时光不再，唯留一声叹息。

正如张爱玲所写：“我立在阳台上，在黯蓝的月光里看那张照片，照片里的笑，似乎有藐视的意味，然而那注视里还是有对这世界难言的恋慕。”对于现实，她是失望的，也是不屑的。对于感情、人性，因为一个人而变得满目萧条；而对于生活本身，她又是期待的。纵有千疮百孔，却也在心底留有一丝眷恋和期许。

我想着：这是乱世。晚烟里，上海的边疆微微起伏，虽没有山也像是层峦叠嶂。许多人的命运，连我在内，有一种郁郁苍苍的身世之感。“身世之感”普遍总是自伤、自怜的意思罢，但我想是可以有更广大的解释的。将来的平安，到来的时候已经不是我们的了，我们只能各人就近求得自己平安。

第四章　华丽重生

记得读过鲁迅的文章，其中有句话："沉默呵，沉默呵！不在沉默中爆发，就在沉默中灭亡。"张爱玲这只在文坛上沉默了两年的鹰，终于华丽复出了。只是不知道，迎接她的，又将会是怎样的人生呢？

1. 华丽复出

人总是这样，只有在经历了痛彻心扉的一段岁月后，方能有所顿悟。很难说，从情伤中磕磕绊绊走出来的张爱玲是否真的放下了，或者彻悟了。她终究让自己从文字中得到了心灵的释放，她用心交出了让世人迷恋的答卷。重生，虽然华丽，却带着浴血的疼痛。她，做到了。

1945 年，抗战胜利后，胡兰成被列为汉奸，躲到了乡下。而张爱玲则留在了充满正义感和激愤的上海，独自面对来自方方面面的叫骂和谴责，举步维艰。

很多报纸和刊物都对她进行了口诛笔伐，称她是文化汉奸。甚至还有人专门写了一本《女汉奸丑史》，把张爱玲、苏青以及汪精卫的妻子陈璧君、特务头子吴四宝的妻子佘爱珍、日本影星李香兰统称为女汉奸，其中尤其对张爱玲“愿为汉奸妾”进行重重批评。

除此之外，由于张爱玲成名心切，加上她对政治关注太少，对发表自己作品的刊物也没有谨慎选择，所以落下了很多的把柄。尽管张爱玲以沉默作为回应，但当时各家刊物碍于局势都不敢再发表她的作品了，就连她曾计划创作的长篇小说《描金凤》也不得不暂时搁浅。

她沉默太久，就像蛰伏太久了，等到复苏的时候，必定要春雷滚滚，唤醒混沌的世间。她要开始自己新的生命，她想向世界宣告她的冬天已经过去了！

张爱玲复出后的第一部作品《华丽缘——一个行头考究的爱情故事》，于 1947 年 4 月发表在刊物《大家》的创刊号上。唐大郎在编后话中还特别写道："《华丽缘》是张小姐在胜利后的试笔，值得珍视。"

该作品在当时定位为小说，描述的是张爱玲在浙江农村，于春节期间与农人一起观看露天戏曲的见闻和感受。在这篇小说里，无时无刻不透露出张爱玲独有的文风，细腻、独特。虽为小说，却颇具散文意味。文中，她用大量的笔墨描述乡间的生活，蕴含着浙江当地独有的地方特色。张爱玲细细观赏着台上的戏剧演出，也细细观察着身边看客的言谈举止。

台上，热闹的戏剧与身后空洞的遗像；台下，喧闹的看客与张爱玲孤寂的内心，这一切都形成强烈的对比，在现实中共存一处。身边的喧嚣弥补不了内心的荒芜，精彩的戏文丝毫带不走内心的孤寂。寂寞的喧嚣，无声的宣泄，仿佛午后阳光中的尘埃，带着令人窒息的纷扰，就像张爱玲自己的描述：

男男女女都好得非凡。每人都是几何学上的一个

“点”——只有地位，没有长度、宽度与厚度。整个的集会全是一点一点，虚线构成的图画；而我，虽然也和别人一样地在厚棉袍外面罩着蓝布长衫，却是没有地位，只有长度、阔度与厚度的一大块，所以我非常窘，一路跌跌冲冲，踉踉跄跄地走了出去。

随后，在《大家》第二三期上，张爱玲发表了中篇小说《多少恨》。在题记中，她写道：“我对通俗小说一直有一种难言的爱好，那些不用多加解释的人物，他们的悲欢离合，如果说是太浅显，不够深入，那浮雕也是艺术呀。”对于自己的转变，无论是从作品文风还是故事背景，从描述视角还是内心感受，她在此题记中均已作出了解释。

《多少恨》这篇小说的基调是悲情的，这也似乎印证着张爱玲此阶段的内心独白。早期的《太太万岁》与《多少恨》相比，文章中充满着跳跃的思维、灵动的描述，是一种轻喜剧的基调。在一个吵吵嚷嚷的市井背景下，有各式各样的小角色，例如懦弱的丈夫、脾气乖张的婆婆、心肠歹毒的交际花、坑蒙拐骗的市井流氓、世故算计的势利小人等，而最终的喜感则来自于这些小人物都得到了大小不一的报应，弄巧成拙，算计落空。女主人公陈思珍的处境本就带着几分喜剧色彩：“家里上有老下有小，然而她还是一个安于寂寞的人。没有可交谈的人，而她也不见得有什么好朋友。她的顾忌太多了，对人难得有一句真心话。不大出去，可是出去的时候也很像样：穿上‘雨衣肩胛’的春大衣，手挽玻璃皮包，粉红脂白地笑着，替丈夫吹嘘，替娘家撑场面，替不及格的孩子遮盖。”小说中的陈思珍是一个整日忙于周旋的人，敷衍婆婆，欺骗父亲，安抚佣人，处处用心，处心积虑，无非是想面面俱到，博得好评。可笑的是，最终，她的谎言均被戳穿，费尽心思却空落埋怨。

在《太太万岁》的题记中，张爱玲曾对女主人公陈思珍进行这样的解读：“她处处委屈自己，顾全大局，虽然也煞费苦心，但和旧时代的贤妻良母那种牺牲精神比较起来，就成了小巫见大巫了。陈思珍毕竟不是《列女传》上的人物。她比她们少一些圣贤气、英雄气，因此看上去要平易近人得多。然而实在是更不近人情的。没有环境的压力，凭什么她要这样克己呢?这种心理似乎很费解。如果她有任何伟大之点，我想这伟大倒在于她的行动都是自动的，我们不能把她算作一个制度下的牺牲者。”这番论述，印证了张爱玲一贯关注的女性自我意识和身处环境的问题。此时，张爱玲在女性要学会自我关怀、唤醒自我意识的问题上是颇为关注的。

张爱玲通过《太太万岁》，以辛辣的文笔，诉说了当代女性生活的问题和自身意识上的悲哀。女主人公心甘情愿地委屈自己，迎合婆婆、丈夫，自我牺牲到头来却毫无意义，此中的讽刺在荒诞离奇的情节中展露无遗。

其实，在上映的影片《太太万岁》中，其本身的教育意义和对女性意识的唤醒功能并不是很明显地被大众接受，反而，影片的诙谐幽默却被大众认可。这也是张爱玲在文学上亲近通俗的方式。在情节安排上，人物贴近大众，既不阳春白雪，也不下里巴人。这让观众在观看的同时，得到一种心理平衡。剧中的人物也像真实生活中的自己，也有着与自己一样的喜怒哀乐和虚荣算计，最终的结局也是一种凡俗生活中的圆满，丈夫回归家庭，一切回到原点。

《太太万岁》的题记是于1947年12月在《大公报》上发表的，距离《多少恨》的发表有半年之久。在此半年中，由于时局动荡，感情生活波折，张爱玲无作品问世。历经诸多打击之后，伴随着《华丽缘》的问世，张爱玲在迷茫中复苏了。只是，苏醒过来的她，已经不再像从前那般恣意，文笔中有了顾忌，有了犹豫。与之前作品对比最明显的，莫过于曾经的文笔犀利跳跃之感而今已销声匿迹。在其复出后的第一部作品《华丽缘》里，已然减少了当初的灵动恣意，从容论道的自信也悄然褪去，代之以更多的迷离牵绊，让人不觉有“结束铅华归少作，屏除丝竹入中年”的感慨。

《童言无忌》中曾有一段记录：某天，张爱玲在市场买菜，卖菜之人在将菜装入网兜时，用嘴含着网兜的把手。在回家的路上，张爱玲手提着沾染着他人口水的潮湿网兜，并未像以前一样心生反感，反而能够欣然接受。在她看来，自己俨然是克服了原来的落寞贵族心态，能够亲近日常生活了。此中的自鸣得意也是有的。

张爱玲喜欢浓郁的颜色，喜欢穿着夸张奇异的衣服，那是她内心恣意不羁的体现。那时的她，不闻政治，一心笔耕。她曾说：“对于不会说话的人，衣服是一种语言，随身带着的袖珍戏剧。”然而，时至今日，轰轰烈烈的燃情季节不再，此时的张爱玲不仅文风蜕变，昔日的衣着风格也随着内心的变化而变化。

褪去炫彩浓烈的衣衫，张爱玲不再穿奇装异服，“和别人一样地在厚棉袍外面罩着蓝布长衫”，选择与周围人无异，主动融入凡俗生活。而凡俗的生活，却又以另一种姿态感化了张爱玲。这一段时日的平常生活，为其以后的小说和电影剧本的创作提供了更坚实的素材基础和更真实的生活背景。

2. 双生花——半生缘

历史翻过沉重的那一页，万物迎来了新生。中国共产党人满怀信心和魄力，不仅着力改造旧社会的遗留问题，更关注将旧时代的可用之人进行改造，让他们拥有新的思想，树立崭新的意识。于是，社会各阶层都涌动着学习的热潮，到处开会，开展“批评与自我批评”。平日极少出门的张爱玲，也在被邀请开会学习之列。当时左翼人士对张爱玲甚为看重，将她列入了争取的对象。

百废待兴的上海，聚集着许多热情的人物。夏衍，作为中国新文化运动的先驱者之一，是著名的文学、电影、戏剧作家。夏衍抗战胜利后从重庆回到上海，担任上海市委常委、宣传部部长、市政府文化局局长等要职。

柯灵此时向他推荐了张爱玲的小说，夏衍读后很是欣赏。于是，在夏衍的支持下，《亦报》诞生了。刊物负责人将张爱玲的小说视为头等重要的作品，此时，唐大郎用心营造千呼万唤的氛围，在刊登张爱玲作品前3天就进行预告，并专门提示读者乃名家之作。

《亦报》1947年创刊，侧重发布娱乐消遣方面的信息，该报班底就是原《大家》杂志的人员，与张爱玲并不陌生。《亦报》办得有声有色，周作人是其固定撰稿人，化名在此刊物上发表过上百篇小说。另外，丰子恺也在此发表过画作。《亦报》向张爱玲约稿，得到张爱玲的允许，但是张爱玲提出一点，要用笔名发表文章。张爱玲向来是反对使用笔名的，但是如今历经变迁的她也学会了在时局中保护自己。

张爱玲取笔名为梁京。她学习章回小说家张恨水的方法，边写边刊登。她这次写的小说《十八春》是一部长篇小说，也是张爱玲最长的一部小说。时至今日，在张爱玲的读者里，许多人独爱《十八春》。

《十八春》讲述的是一个上海故事，和张爱玲所处的时代同步。单单这部小说的名字，就能够引起读者的好奇。仅仅连载数日，就得到了读者的热情关注。《十八春》讲述的是平民之女顾曼桢与世家子弟沈世钧的刻骨恋情。原本郎才女貌、情深义重的一对恋人，无奈被命运捉弄，沈世钧因父亲患急病而匆匆赶往南京，而顾曼桢却被身为舞女的姐姐顾曼璐加害，深陷囹圄，从此开始她漫长苦难的人生。顾曼璐身患重病，为留住丈夫祝鸿才的心，不惜软禁自己如花似玉的妹妹顾曼桢。祝鸿才糟蹋了顾曼桢，直到她生下孩子为止。沈世钧面对顾曼桢的突然消失，万分着急。他找到顾曼璐，询问顾曼桢的消息，顾曼璐故意隐瞒，欺骗他说顾曼桢已经嫁人，再也不会回来。沈世钧在心灰意冷之下娶了一个世家女子，而顾曼桢自知已是残花败柳，在姐姐顾曼璐死后，无奈嫁给了祝鸿才。

18 年后，即中华人民共和国成立后，顾曼桢和沈世钧相遇，两人痛苦不已。本希望还可以重新开始，奈何命运早已将他们划分为两个世界的人。18 年的经历，已经物是人非，顾曼桢含泪说："世钧，我们再也回不去了，回不去了。"仅这一句话，令许多读者痛哭流涕，叹息不已。回首往事，那种无以复加的遗憾，令人感慨万千。这样百转千回的故事，令人义愤填膺的悲剧，吸引了无数忠诚的读者每天随着故事情节的起伏而感慨。

在结局处，张爱玲这样描写："……他们很久很久没有说话。这许多年来使他们觉得困惑与痛苦的那些事情，现在终于知道了事情的真相，但是到了现在这时候，知道与不知道也没有多大分别了。不过，对于他们，还是有很大分别的，至少她现在知道，他那时候是一心一意爱着她的，他也知道她对他是一心一意的，就感到一种凄凉的满足。"

后来，张爱玲将《十八春》更名为《半生缘》，"一次错过，误了半生情缘"。倘若不是 18 年后的不期而遇，沈世钧大概一生都无法释怀。而顾曼桢得见从前的恋人，可以说前因、诉衷肠，对她来说亦是解脱。尽管这个结局让许多读者痛心，可是前尘如梦，走过的岁月，谁又能回头？张爱玲没有让他们像谜一样活到老去，抱憾终生，已是对其二人的慈悲。

《十八春》是张爱玲尝试平实写作风格的成功之作，考虑到 1949 年后文艺语境的变化，张爱玲的这篇小说一改往日对意境的营造，也放弃了以往的灵动与辛辣，代之以朴实的叙事之风，为读者娓娓道来。

顾曼璐去禁闭室探视顾曼桢，顾曼桢打了她一巴掌，怔了半天之后，顾曼璐冷笑一声道："哼，倒想不到，我们家里出了这么个烈女，啊？我那时候要是个烈女，我们一家子全都饿死了！我做舞女做妓女，不也受人家欺侮，我上哪儿撒娇去？我也是跟你一样的人，一样姊妹两个，凭什么我这样贱，你就尊贵到这个地步？"她越说声音越高，说到这里，不知不觉，眼泪竟流了一脸。

小说的结尾，张爱玲有意安排了一个光明的结局：顾曼桢和沈世钧不期而遇。后来，两人先后到东北参加建设。而顾曼桢最初的追慕者张慕瑾也适时出现，给了顾曼桢一个隐约可见的美满结局。一切的苦难不幸，皆因新时代的到来戛然而止。这种结局在当时是比较流行的，这也是张爱玲在适应时代的过程中所发生的改变。

《十八春》一经发表，一时间轰动上海滩。小说的描写太过真实，让大众产生共鸣，其热烈程度更是超乎预料。当时，有个女读者与小说中顾曼桢的命运极为相似，在看了《十八春》后，悲恸不已，专门找至报社，询问张爱玲家的住址，并找到张爱玲痛哭不已。此事让张爱玲十分诧异，无奈张爱玲不善交际，最后由姑姑出面并好言相劝，才安抚住这个读者。

时有署名"齐甘"的人发表过一篇文章，曾经描述过一件事，说他的邻居是位三十多岁的胖太太，经常向他借阅报纸，就为了能及时读到《十八春》。在读到第 163 天的报纸时，看到祝鸿才强占了顾曼桢，这位胖太太竟跑来吼着说："恨不得两个耳刮子打到梁京脸上去!”

《亦报》编辑部也不断收到读者来信，言辞激烈，恳切要求作者千万笔下留情，一定要让顾曼桢坚强地活下去。于是，桑弧不得不再发一篇短文，请读者放心，说作者定会给顾曼桢一个好的结局。

《十八春》的轰动效应，也引起了夏衍的注意。他专门找来龚之方，询问梁京是何许人，龚之方坦诚相告，夏衍当时非常高兴，感叹道:“这是个值得重视的人才啊。”当时许多文化名流也追捧这部小说。桑弧写了一篇赞词，隆重推荐给读者，他写道:“梁京不但具有卓越的写作才华，她的写作态度一丝不苟，也是不可多得的。在风格上，她的小说和散文都有她独特的面目……我读梁京新作所写的《十八春》，仿佛觉得她是在变了。我觉得她仍保持原有的明艳的色调。同时，在思想感情上，她也显出比从前沉着而安稳，这是她的可喜进步。”

当时的《亦报》每天都收到大量读者的来信，那种盛况甚至超越了张爱玲几年前的成就。唐纪常看到《十八春》有如此硕果，便想着要乘胜追击，急着找张爱玲要下一部连载稿。可张爱玲没有答应，她明白盛极而衰的道理，想要在短时间内再写一本超越《十八春》的小说，已是不可能。

从声名鹊起、和胡兰成相识到历经大起大落，看尽世间百态，才不过6年的光景，然而就是这并不漫长的6年，却仿佛耗尽了张爱玲一生的感情、才情和能量，她蓦然回首，已恍如隔世。

3. 影坛双收

一个知己就像一面镜子，反映出我们天性中最优美的部分。

1944年，《倾城之恋》由当时上海的四大导演之一朱端钧执导，女主角由罗兰饰演。张爱玲对此甚是关心，她目睹自己笔下的女主角换上华装，添了灵魂，从文字中缓缓走进现实。张爱玲在《罗兰观感》里的第一段就是这么写的：

罗兰排戏，我只看过一次，可是印象很深。第一幕白流苏应当穿一件寒素的蓝布罩袍，罗兰那天恰巧就穿了这么一件，怯怯的身材，红削的腮颊，眉梢高吊，幽咽的眼，微风振箫样的声音，完全是流苏。使我吃惊，而且想：当初写《倾城之恋》，其实还可以写得这样一点的……

我希望《倾城之恋》的观众不拿它当个遥远的传奇，它是你贴身的人和事。

1944年12月至1945年1月，《倾城之恋》在卡尔登戏院正式公演，轰动一时。寒风瑟瑟的冬夜，观众的热情不减分毫。

在《倾城之恋》公演后，她认识了生命里一个重要的人——导演桑弧。桑弧的出现，让张爱玲在孤寂无依的世界里看到了希望之光。开始，张爱玲对桑弧的邀请并未接受，虽然

真正的成熟大概就是喜欢的东西还是喜欢，
只是不再强求拥有了，害怕的东西还是害怕，
只是敢于面对了。
——张爱玲

她之前的小说广为人知，但是她从未接触过电影剧本，感到有些为难。但是，身处时代泥沼的张爱玲也想让自己尽快走出来，重新寻找属于自己的世界。

最开始，写电影剧本的缘起是好友柯灵请张爱玲赴一个宴席，地点就在电影导演桑弧的家中。桑弧是浙江宁波人，那时正致力于与电影界的吴兴裁合办文华影业公司。桑弧深知张爱玲性格孤傲，为避免冒昧，特请柯灵从中牵线，席间适时提出合作请求。

当天受邀赴宴的还有炎樱、魏绍昌、龚之方、唐大郎、管敏莉、胡梯维等几人。大家身份不同，但都是文化圈内人，这样意在为张爱玲营造出一个朋友聚会的气氛，以免冷场尴尬。当时的金融界人士，后来成为著名红学家的魏绍昌，回忆当时的情景说："这一天，我初次见到张爱玲，她沉默寡言，带着女性的矜持，大约是她敏于思。"龚之方后来也回忆说："吃了这顿饭后，我们和张爱玲的交往合作维持了 6 年，直到 1952 年她离开上海。"

之后，张爱玲与桑弧导演渐渐地建立起了联系。他们合作的首部电影是《不了情》，男主角刘琼、女主角陈燕燕都是当红明星。强大的阵容引起了不小的轰动。沉寂许久的张爱玲终于借着这部电影打了一个漂亮的翻身仗。首战告捷，这也让张爱玲和桑弧等人信心大增，接着桑弧乘胜追击，请张爱玲再写一部。

他打算拍一部喜剧，便把头脑中的故事梗概说给张爱玲听。张爱玲觉得故事好，当下慨然应允。没过多久，她的第二个电影剧本《太太万岁》便出炉了。这部电影仍由桑弧执导，演员都是如雷贯耳的明星，包括蒋天流、上官云珠、石挥、张伐、韩非等。该片在上海的皇后、金城、金都、国际4大影院同时上演，连映两个星期，场场爆满。报纸称之为“巨片降临”，溢美之词一时铺天盖地，影片取得空前成功。

沉寂已久的张爱玲似乎又找到了那个适合自己的“轰轰烈烈的橙色时代”。只是历经沧海桑田的她，已不似从前。寂寞的生活久了，仿佛很难再回去了，太多的掌声与喧哗也成了生命中不可承受之重。当张爱玲的这两部电影收获掌声和鲜花的同时，也惹来了批判与嘲讽。

很多激愤的文人看客，有些是浅薄无知，有些本就不怀好意，开始在各大报纸上对《太太万岁》以及张爱玲本人进行尖刻的攻讦。张爱玲依旧像以前一样，对此未置一词。

张爱玲冷冷地面对着各式各样的评论和猜测，曾经的浓烈，曾经的明艳与张扬，在疲倦的心面前悄然逝去。

就在张爱玲初涉影坛之时，她还借助这些朋友的力量出版了《传奇》增订本。

事情主要是由龚之方和作家唐大郎一起着手办理的。那时，经过一段时间的合作，张爱玲与龚之方已然成了朋友。某天，张爱玲忽然携带着一堆文稿找到龚之方的办公室，开门见山地提出让他帮忙出版一本书，对方应允，并且承诺竭尽全力。为了让她的书效果出众，龚之方还和桑弧一起去拜见了著名书刻大家邓粪翁，请其为张爱玲题写了书名——“张爱玲传奇增订本”8个字，厚重而遒劲的隶书字体为此书增色不少。

这本书的内容编排和封面设计均是由张爱玲亲自着手操办的，文字也完全由她自己进行校对。对于这一点，龚之方曾经十分佩服地说："她在这方面是很能干的，我不敢掠美。"同时，增订本的封面，因其构思独特、超然脱俗，直到今天也常为人津津乐道。

封面的创意出自炎樱之手，主图借用了《点石斋》的一幅石印线描《仕女图》。古香古色的厅堂里，一个身穿清朝袄裤的太太在玩骨牌，身旁的奶妈抱着孩子观看。点睛之笔在于，在背景的右上角窗口，探进了一个现代女子的上半身，脸上没有画五官，但从神态眉目依稀能够感觉到，似在凭窗而观，又似在倚窗沉思。这个现代女子的头像就是张爱玲本人的样子。张爱玲对这个封面的构思非常满意。与初版相比，这一本多收了《留情》《鸿鸾禧》《红玫瑰与白玫瑰》《桂花蒸——阿小悲秋》等文章进去，另外，还有前言和跋。书后的跋语，题目叫《中国的日夜》，照录如下：

我的路
走在我自己的国土
乱纷纷都是自己人

补了又补
连了又连的
补丁的彩云的人民

我的人民
我的青春
我真高兴晒着太阳去买回来
沉重累赘的一日三餐
谯楼初鼓定天下
安民心
嘈嘈的烦冤的人声下沉
沉到底
中国
到底

4. 昙花一现

因为几部影片，张爱玲与电影界人士有了一些交往。同时，在电影拍摄的过程中，导演桑弧免不了要常去张爱玲的住处，与她交流影片事宜。如此一来，两个人的来往也就密切了许多。

桑弧，原名李培林，原籍宁波，1916 年出生于上海。少年时曾在证券交易所当学徒，后来就读于渡江大学新闻系。他的志向是当一名记者，但他的哥哥与大姐都希望他能有个安稳可靠的工作，于是毕业后他报考了中国银行，做了一名银行职员。他狂爱戏剧，1935 年，结识了京剧表演艺术家周信芳和电影导演朱石麟，开始尝试文艺写作。1941 年，他创作了电影剧本处女作《灵与肉》，并从“当年蓬矢桑弧意，岂为功名始读书”中给自己取了笔名——桑弧。

在周信芳的介绍下，他进入电影行当，开始做编剧，后转为导演。

张爱玲与桑弧正式相见，应该是柯灵引见的那一次。桑弧为人忠厚，性格拘谨，颇具才华，品性善良。只是，那次见面却因为柯灵的缘故颇有几分尴尬。

这要从柯灵与张爱玲之间的关系说起。虽然柯灵在关键时候曾帮过张爱玲，但在张爱玲的眼里，他总是另有企图的。她觉得与胡兰成一道认识的文化人，“又不干净，又不聪明”。

柯灵办《万象》时，被日本人怀疑是共产党，被抓到了宪兵队，恰好被张爱玲看到了，回家后告诉了胡兰成，于是胡兰成出面救了他。而此时的张爱玲对柯灵谈不上欣赏，也谈不上厌恶。一方面听胡兰成和苏青等人都评价他不错，但一方面因为听说他有三房太太，其中的两房不过是在同居，所以，张爱玲对柯灵并没有太多的好感。

而柯灵从宪兵队被解救出来后，一直以为是张爱玲出面相救，所以在他那两位同居的太太向张爱玲登门道谢后，他还亲自上门道谢，甚至一度还出现了这样的流言：“不知道他这算不算求爱。”张爱玲觉得这话是在侮辱自己。

后来，胡兰成逃亡乡下，张爱玲在电车上又遇到了柯灵。柯灵朝张爱玲熟络地打着招呼，从人群中挤过来，开始只是寒暄，后来车上人越来越多，他忽然用膝盖夹住了张爱玲的腿。当时，张爱玲真想抽他一嘴巴，但是碍于此举太过张扬和突兀，就忍着没动。

这件事后，张爱玲对柯灵的印象愈发糟糕，而对于他引见的朋友自然也就先入为主地跟他划为一类，也没有什么好印象。

桑弧向她走过来时，肢体动作略显夸张了些，让她很自然地联想到了电车上的柯灵。想到这，她心里更加觉得别扭，于是她淡淡地笑了笑，便把脸扭向别处。

张爱玲的举动让桑弧感觉诧异，于是他只得默默地抱着胳膊坐着，也没有说话。而且，桑弧的穿着也让张爱玲觉得不顺眼，桑弧比她还要年长几岁，却穿了件浅色爱尔兰花格子呢上衣，好像没有穿惯的样子，显得很稚嫩。

初次见面就这样在尴尬中结束了。后来桑弧拍了张爱玲写的《露水姻缘》，偏偏拍得颇为牵强，这让张爱玲更加觉得难以忍受。然而，就是这样并不和谐的开始，居然让两个人越走越近。他们之所以能够谱写一段恋情，有人说是因为两个人要经常讨论剧本，久而久之便产生了感情，也有人说是桑弧的出现恰逢张爱玲饱受胡兰成的情伤，内心最为空虚和脆弱之时，加上桑弧本身对张爱玲是有好感的，甚至可以说是崇拜的。但无论初衷是什么，他们的缘分到了，一切就那么自然又有些意外地开始了……

那时，张爱玲的母亲刚刚从国外回来。一次，桑弧去做客，恰逢张爱玲的母亲心情不好，突然将客厅的门推开，又不留情面地关上，来去都没有打声招呼。这让本就胆小的桑弧竟然胆怯地说张爱玲的母亲“像个马来人”。

事实上，张爱玲的母亲对桑弧的印象还不错。她这次从国外回来，最主要的目的就是想弥补自己之前没有尽到的作为一个母亲的责任。所以，她几乎是每时每刻都在关注着自己的女儿，甚至包括她的隐私，也为女儿的终身大事着急。桑弧也是她的目标人选之一，只是她总觉得桑弧有些清高，所以最终也没有做出什么具体行动。

后来，桑弧再来家里时，张爱玲就和他依偎着坐着，跟他讲她与母亲以及家族之间的陈年往事，诉说那些记忆里的灰白画面。只是，与当初她讲给胡兰成时的动情与浪漫不同，她对桑弧是毫无波澜地叙说。末了，她说："给人听着真觉得我这人太没良心。"而桑弧却说："我当然认为你是对的。"

桑弧不是那个最懂她的人，只是那时除了桑弧，她便没有其他人可依靠了，她需要他。更重要的是，她能在他的身上找到初恋的感觉——快乐。

刚认识的时候，张爱玲曾告诉桑弧，自己不再看电影了，因为几年战争过后，没有美国电影可看了，慢慢地就习惯不看电影了。她其实是为了省钱而已，或许还掺杂着"对胜利者的一种轻微的敌意"。但就是这随口的一句话，却让桑弧对她肃然起敬，他觉得这就是一种忠贞。

后来，桑弧对张爱玲说："我觉得你不看电影是个损失。"便接二连三地带张爱玲去看了几场电影。几次下来，让张爱玲不禁也对他肃然起敬。一直就有"文人相轻，自古皆然"的说法，张爱玲想到自己也是如此，除了苏青的文字，其他女作家的文章她也是不感兴趣的。但是桑弧居然对别人拍的电影也能那样专注地欣赏，这让她不由心生敬意。

在桑弧的眼里，张爱玲是神秘的。两个人聊天时，他经常会弄不懂张爱玲在说什么。但更戏剧性的是，因为桑弧出生在上海，对上海的历史变迁比较熟悉，当提起一些建筑物的沧桑时，反倒与张爱玲的姑姑更能说到一起。

他们在一起的时候，并不能算浪漫，只是像认识很多年的朋友一般平淡。即便有时出去吃饭，也很少去时髦的饭馆，反而总是去一些比较冷清的、灰扑扑的老式北方馆子，经常一个楼面就他们一桌客人。

后来，有人说这样或许是为了躲避大众的眼睛。虽然桑弧与张爱玲是相爱的，但是在桑弧的内心里，或多或少地对张爱玲的“汉奸妾”的狼藉名声有些顾虑，甚至是忌讳。而张爱玲对此也心照不宣，所以也总是顺着他的心意走，也极力地帮助他隐瞒。当两个人因为合作电影的事情走得愈发近时，一度传出了他们在一起了之类的传闻，甚至连周围的朋友也都信以为真了。只是他们都对外极力撇清，解释只是合作而已。

私下里，桑弧也会不合时宜地问一句：“你到底是好人还是坏人？”尽管语气故作轻松，但还是能听出来，他是在问张爱玲与胡兰成的事。张爱玲则避重就轻，不予正面回应，说：“倒像小时候看电影，看见一个人出场，就赶紧问‘这是好人还是坏人？’”桑弧听了自然明白她是不愿回答的，只得又将话题转到其他地方去，说：“你像只猫。这只猫很大。”又说：“你的脸很有味道。”这样喃喃了几句，最终桑弧还是追问道：“你到底是好人还是坏人？”

虽然这样的问话让张爱玲很厌恶，但是她也明白如果总是回避，他的心里总也无法释然，于是淡淡地说了句：“我当然认为我是好人。”说完，张爱玲清楚地看到桑弧的眼中闪过一丝希望的光，心里不禁暗自叹息。

想来张爱玲是很在意她与桑弧之间的感情的。

在他们的相处中，张爱玲是极为迁就桑弧的，不仅照顾桑弧内心的忌讳，还对外掩饰他们的关系。

一次，张爱玲在抹粉，本想在眼窝鼻洼处留一点晶莹，所以就把这些地方空了出来，没有涂粉。但桑弧看到后，就让她再扑点，于是张爱玲就又扑上粉了。结果，整张脸看上去像是盖了层厚厚的棉被，透不过气来。即使这样，她也没有跟桑弧抱怨什么。反倒是桑弧，当他们从电影院走出来时，桑弧的脸色很是难看，因为“她的面貌变了，在粉与霜膏下沁出油来”。

此后，张爱玲变得更加在意自己的容貌了。为了让桑弧每次来看她时都能开心，她都在他到之前做足了准备。她试图让皮肤变得更紧致，但又不敢去冰箱里取冰块，担心被姑姑发现，所以就把浴缸里的冷水开得大一些，多放一会儿水，等水变冷了再把脸凑上去。

然而即便如此，桑弧也鲜来一趟。有一次，接连下了好多天的雨，桑弧一直没来，张爱玲便像是丢了魂一样，整日心不在焉。她写道：“雨声潺潺，像住在溪边。宁愿天天下雨，以为你是因为下雨不来。”

张爱玲自己也奇怪，怎么会为了他而变得这般患得患失。一次，她问姑姑：“我怕我对他太认真了。”而姑姑却说道：“没像你对胡兰成那样。”听了姑姑的话，张爱玲不禁愣在那里，难道她这样还不够吗？

张爱玲素来对长相出众的男人不信任，而桑弧偏偏就是长得漂亮的男人，连从不轻易夸人的姑姑都这么认为。然而，漂亮的男人是经不起惯的，张爱玲有时会靠在藤椅上，一边对他说："没有人会像我这样喜欢你的。"接着又说，"我不过是因为喜欢你的脸。"一边却止不住地流泪。而桑弧却煞有介事地走到镜子前，左看右看，还把头发故意向后推了推……

"热恋"了一段时间后，一次，桑弧半开玩笑地喃喃道："你这人简直全是缺点，除了也许还俭省。"口气和上次问她是好人还是坏人时一样。张爱玲笑而不答，心里却嘀咕："我就像是镂空纱，全是缺点组成的。然而它终究是美的，且美得走在时代的前列。好与不好，全在于你会不会欣赏。"

后来，张爱玲发现自己已经有两个月没有来月事了，她怀疑自己怀孕了，就告诉了桑弧。桑弧的反应在意料之中，却又在意料之外，自然没有做好准备，也许他是有准备的——最坏的准备。

桑弧在张爱玲面前笑得很勉强，没有太多的喜悦。可能这对于他来说只会是个负担，甚至是累赘。桑弧低声说："那也没什么，就宣布。"听了桑弧言不由衷的话，张爱玲看着前方，眼神却是空洞的，终于有些艰难地说："我觉得，我们这样开头太凄惨了。"

后来，张爱玲到医院做了详细的检查，结果是没有怀孕，而且检查结果显示她的子宫颈是折断过的。第二天，桑弧来问检查结果，张爱玲便都告诉了他，心里在悲戚地想：他不但要觉得她是残花败柳，并且是给蹂躏得不成样子了的。然而桑弧对这样的检查结果并没有太多表示，却难掩幸免的喜悦。

也许，就是从这一次的“有惊无险”开始吧，桑弧开始为自己的以后考虑了。他不能和张爱玲永远在见不到光的地方谈情说爱，他也不愿意将张爱玲明媒正娶地迎进家门，他也没有这样的胆量。于是，他准备从这场感情中抽身了。他要物色好结婚的对象，然后赶紧结婚，以此同张爱玲划清界线。

他不能让张爱玲毁了他的前程。

或许在感情上，桑弧也不是一个勇敢、直接的人，他把对张爱玲的爱慕深藏在心底。和张爱玲交往的时候，他们之间的话题也基本都与影片有关，而那些与情爱相关的私事他从不曾提起。桑弧给予张爱玲的，是体谅、是宽慰，没有伤害，也没有迁就。

我们的一生都在寻找，寻找那些曾经拥有过却很快失去，或是想要却不曾得到的温暖。张爱玲的心里也是如此，在胡兰成那样伤害她以后，她也想在别人身上找到一些慰藉，一些温暖。

也许，对于与胡、桑之间的往事，张爱玲从未后悔，毕竟，那时幸亏有他们，让她孤寂落寞的心得到了安慰。只是偶尔，张爱玲也会触景伤情，感慨一番“也许这美好的爱情真如昙花般一闪而过，现在海枯石烂也很快”。

后来，桑弧娶了一个文化圈外的女子。如桑弧这般沉静温暖的男子，平凡安静的女子可能与之更为合适。而如张爱玲这般传奇的女子，注定无法在寻常尘埃中栖身。她内心的叛逆与孤冷，注定了她是孤独的。

隔年，张爱玲从上海去了香港，之后，她和桑弧就再也没有见过。直到1995年，张爱玲去世，许多人都写文章怀念张爱玲，唯独桑弧一直保持沉默。也许由始至终，二人之间的情缘都是不可言说的。

5. 无奈作别

“时代是仓促的，已经在破坏中，还有更大的破坏要来。”

张爱玲是一个敏感的女子，她的预言总是与时代吻合得可怕。尽管她不知道那样的大破坏是什么，又会给她带来怎样的冲击，可她越来越清醒地认识到，属于她的那些华丽的舞台终将苍凉。在上海，她一直向往的那份现世安稳，也在她指间随着时代的变化慢慢如流沙般逝去。

1951年10月初，经过半年的写作时间，继《十八春》之后，张爱玲的另一部作品《小艾》问世。《小艾》比《十八春》的篇幅要短，只有5万多字，主要描述了女主人公小艾几十年的悲苦的生活经历。在小说中，小艾对东家的仇恨一直是作者关注的重点。小说的故事情节具有反映社会黑暗和阶级对立的意味，这也是张爱玲立足时代背景和要求所作出的调整。这些调整还包括使用了一些颇具政治色彩的句子，比如“她的冤仇有海那样深”“对于这吃人的社会却是多了一层认识”。此外，张爱玲还在小说里刻意将新旧社会进行了对比：小艾在席家遭受毒打并身患疾病，得不到医治且无人问津；到后来的新社会，小艾得到了很好的治疗，身体逐渐地康复了。

由于要迎合时代特色和读者的喜好，张爱玲在创作过程中进行了诸多改变。“要什么就给他们什么，此外多给他们一点别的——有什么可给的，就拿出来”。从这几句话中不难看出，张爱玲对于时代政治的态度是有些无奈的。

张爱玲在《小艾》中增加了对出身卑微的主人公的细致描述，尤其是五太太这个人物形象的成功塑造，凸显了旧时代大家庭中女人的处境和性格问题。张爱玲借这个人物成功地回到了她所熟悉的视角，将一个处境荒谬的旧式大家庭里的女人刻画得淋漓尽致。文中有一段描述，仅仅是寻常生活的一个场景，就将五太太的内心活动和大家庭内的尴尬关系显现无遗：

……五老爷就在下首的一张椅子上坐了下来。五太太依旧侍立在一边。普通夫妻见面也是不打招呼的，完全视若无睹，只当房间里没有这个人。他们当然也是这样。不过景藩是从从容容的，态度是十分自然的，五太太却是十分局促不安，一双手也没处搁，好像怎么站着也不合适。先是斜伸着一只脚，她是一双半大脚，雪白的丝袜，玉色绣花鞋，那双鞋似乎太小了，鞋口扣得紧紧的，脚面肉嘟嘟地隆起一大块。可不是又胖了，连鞋都嫌小了。她急忙把脚缩了回来，越发觉得自己胖大得无处容身。又疑心头发毛了，可是又不能拿手去掠一掠，那种行动仿佛有点近乎搔首弄姿。要想早一点走出去，又觉得他一来了她马上就走了，也不大好，倒像是赌气似的，老太太本来就说景藩不跟她好是因为她脾气不好，这更有的说了。因此左也不是，右也不是，站在这里迸了半天，方才搭讪着走了出来。她的手指无意中触到面颊上，觉得脸上滚烫，手指却是冰冷的。

但《小艾》发表后，并未像《十八春》那样在社会上引起广泛关注。经过时代的变迁，历经被责骂、沉寂后适应的漫长时间，张爱玲内心倦意渐生。参加上海市第一届文学艺术工作者代表大会的经历，更让她萌生了去意。

就在《十八春》连载 3 个月后，1950 年 7 月，夏衍亲自点名，有关方面通知张爱玲参加上海市第一届文学艺术工作者代表大会。张爱玲颇有些受宠若惊，欣然赴会。那时，她在思想上并不排斥这个活动。这是她生平第一次，也是唯一一次主动应允并独自出席这样正式的会议。

这次的会议，旨在把文艺家们组织起来，加强自我觉悟，更好地为新社会服务。原“国统区”的一些作家当场就表了态，表示一定要洗心革面，改造自我。例如外号“甜姐儿”的流行歌手黄宗英，流行歌曲《毛毛雨》的作者黎锦晖，作家巴金、赵景深、靳以等，都在会上慷慨陈词，表示要贬斥旧我，重塑新我。后来，龚之方回忆此事，说：“张爱玲当时坐在会场看眼前的光景，心里想的是什么，没有人知道。”柯灵对当时情景的描述更为细致生动，有这样的一番话：

她坐在后排，旗袍外面罩了件网眼的白绒线衫，使人想起她引用过的苏东坡词句“高处不胜寒”。那时全国最时髦的装束，是男女一律的蓝布和灰布中山装，后来因此在西方博得“蓝蚂蚁”的徽号。张爱玲的打扮，尽管由绚烂归于平淡，比较之下，还是显得很突出。(我也不敢想张爱玲会穿中山装，穿上了又是什么样子)。

1950年初，中山装、列宁服虽然风靡一时，但也仅在年轻人和干部中间流行，并不是所有的人都统一穿着的服装。张爱玲在《十八春》中就曾经写到了年轻女子换列宁装、剪头发的事。因此，对于那时的穿衣方式她应该并不陌生。

那个时候，张爱玲有意与时代贴近，也曾用分配给自己的一段湖色土布和一段雪青洋纱做了一件喇叭袖唐装单衫和一条裤子。有一次她穿着这身衣服去排队登记户口的时候，看见穿制服的大汉伏在街边人行道上的一张黄漆小书桌上，操着西北口音在做登记。等轮到张爱玲，他抬头看了一眼，以为是一个文盲妇女，便随口问道：“识字吗?”张爱玲笑着咕哝了一声：“认识。”当时心里真是“又惊又喜”！感觉自己已经脱离了阳春白雪般的知识分子形象，与时代契合了。

只是，张爱玲出于对会议的重视，非常用心地打扮了一番。她非常希望自己能够尽快适应新的环境，然而，令人没有想到的是，正是这次会议，在某种意义上反而促使了张爱玲的离开。与会上慷慨陈词的热烈氛围形成鲜明对比的是张爱玲的落寞无语，她与他们格格不入，想必这给张爱玲带来的冲击亦是强烈的。

她明显感觉到了这距离的存在。会议整整开了6天，在这6天里，她没有为了让自己融入进去而变换着装。穿旗袍与否，对于张爱玲来说是一种事关紧要的姿态问题，是立场问题。生性傲慢的她，对于衣服是非常看重的，她不愿意因为屈从大多数而刻意改变。

1951年9月，全国开始对知识分子进行思想改造的运动，在大学、文化、科研单位的知识分子中清算剥削阶级思想残余，消除崇美恐美思想，各单位都搞人人过关，这个运动也就是杨绛先生所写的“洗澡运动”，一直延续到次年秋季方告结束。在此期间，文化界还掀起过声势浩大的批判电影《武训传》运动，因为电影是上海的电影公司拍的，连夏衍也难辞其咎，不得不向中央作出了检讨。

对于上海，张爱玲的感受是复杂的。面对上海出现的新时局与新空气，她着实感到茫然与惴惴不安。其实一直以来，她既讽刺上海人，也喜欢上海人。她在《到底是上海人》中是这样描述上海人的：“谁都说上海人坏，可是坏得有分寸。上海人会奉承，会趋炎附势，会浑水摸鱼，然而，因为他们有处世艺术，他们演得不过火。”同时，张爱玲更享受上海的情调与纸醉金迷的味道：“隔壁的西洋茶食店每晚机器轧轧，灯火辉煌，制造糕饼糖果。鸡蛋与香精的气味，氤氲至天明不散。”

然而，此时的上海已经改头换面，属于张爱玲的那个时代已经悄然远去。

一个接一个的政治运动让张爱玲感到惶恐不安。她的家庭出身，她在沦陷时期的经历，她与胡兰成的婚姻，还有她写过的作品，随时都可能被拿出来进行政治层面的解读和批判，她不敢想象到那时自己该怎么办。

不忍见破坏，所以离开。到1952年初，张爱玲以前所作的“时代是仓促的，已经在破坏中，还有更大的破坏要来”的预言正逐渐在现实中得到应验。经过权衡，张爱玲最终决定离开“还没有离开就已经在想念了的上海”。

自此，所有的回忆都尘封在过去。

1952年7月，张爱玲离开了上海，去了香港。

6. 远赴香港

又是一年春来到，面对一望无际的大海，立于船头上的人却不再是那个10年前满怀希望、憧憬未来的年轻女子。眼前呈现的尽是岁月留下的沧桑和迷离，一身素净的花布旗袍，脸上不施粉黛，看着眼前渐行渐远的故乡，前方的路却是一片凄迷。

1952年7月，张爱玲远赴香港。

在离开上海之前，张爱玲已经在构想《五四遗事》的相关内容，因为里边涉及杭州西湖的事情，她在临行前专门参加了旅行社的一个观光团，去西湖一游。杭州西湖的美景并未给张爱玲留下太多美好的印象。几十年后，在她的散文里有一段对此行的回忆：

当时这家老牌饭馆子还没有像上海的餐馆“面向大众”，菜价抑低而偷工减料变了质。他家的螃蟹面的确是美味，但是我也还是吃掉浇头，把汤逼干了就放下筷子，自己也觉得在大陆的情形下还这样暴殄天物，有点造孽。桌上有人看了我一眼，我头皮一凛，心想幸而是临时性的团体，如果走不成，还怕将来被清算的时候翻旧账。

历经时局动荡，张爱玲已然有惴惴不安的心情，生怕被挑错、被清算。

从杭州回来后，张爱玲就开始着手办理赴港手续。她此行持有香港大学开的证明，上面的理由是“继续因战事而中断的学业”。临行前，张爱玲与姑姑约定，彼此不通信、不联络。走之前，姑姑还把珍藏多年的家族相册交给张爱玲带走，以为这是最妥当的保管方式。此举颇具先见之明，此后，这些照片大多出现在张爱玲晚期的作品《对照记》中。

张爱玲的离开并没有惊动他人，连柯灵都不知情。那时，上海电影剧本创作所刚刚成立，夏衍为所长，柯灵为副所长。1949 年之后，个体作家的生存空间越来越狭窄，以致到后来，如果作者没有单位依托，作品是很难发表出来的。鉴于此，夏衍想要邀请张爱玲当编剧，但遭到反对，事情只能暂缓。此事还未通知张爱玲时，她就已经悄然赴港。后来，夏衍得知此事，也甚为惋惜。夏衍还寄信给张爱玲的姑姑，请张爱玲在香港给《大公报》《文汇报》写点文稿，但是姑姑拒绝了，说无从通知，此事就此结束。

1952年初，出境检查还不算非常严格，但也不轻松。张爱玲说："幸而调查得不彻底，不知道我是个写作为生的作家，不然也许没这么容易放行。一旦批准出境，那青年马上和颜悦色起来，因为已经是外人了，地位仅次于外国友人……"

批准出境后，张爱玲仅带了简单的行李，就出发了。她需要乘火车先到广州，然后从广州至深圳出境。到达深圳后，她来到罗湖桥头进行海关检查。那时，她的护照用的是笔名，而检查过程中，却被工作人员认出了，问："你就是写小说的张爱玲？"张爱玲当时担心极了，生怕出问题，但那人只是笑笑就放她过去了。

离开大陆后，张爱玲在作品《浮花浪蕊》中细致描述了申请出境的不易。主人公洛贞从罗湖桥出境的一幕，其实正是张爱玲的亲身经历，也印证了张爱玲当时的感受和心理体验：

桥头有一群挑夫守候着。过了桥就是出境了，但是她那脚夫显然还认为不够安全，忽然撒腿飞奔起来，倒吓了她一大跳，以为碰上了路劫，也只好跟着跑，紧追不舍。

是个小老头子，竟一手提着两只箱子，一手携着扁担，狂奔穿过一大片野地，半秃的绿茵起伏，露出香港的干红土来，一直跑到小坡上两棵大树下，方放下箱子坐在地上歇脚，笑道："好了，这不要紧了。"

……洛贞跑累了也便坐下来，在树荫下休息，眺望着来路微笑，满耳蝉声，十分兴奋喜悦。

故地重游，如今物是人非，青春已逝。此时的张爱玲思绪万千，内心百感交集。正如《十八春》中张爱玲所写的："政治决定一切。你不管政治，政治要找上你。"但同时她也是兴奋的，终于离开了大陆，仿佛逃离了一个"恐怖"的牢笼，久违的自由感油然而生。

此时，张爱玲的母亲专门写信给她，让她去找自己的多年好友、香港大学的教师吴锦庆夫妇帮忙。吴锦庆夫妇热心地给香港大学文学院院长贝查写信推荐，帮助张爱玲申请复学助学金，并提醒张爱玲早日准备注册入学。

然而，由于事隔多年，又经历港战一劫，学校里有关张爱玲的档案资料大多已无从查找，倘若重新注册又要面临许多实际困难。最终，贝查院长从中斡旋促成。当时，贝查院长提出3点理由说服学校：其一，1941年张爱玲曾获得何福奖学金，是当时最优秀的学生之一；其二，张爱玲现在处境困难，应该得到援助；其三，既然是复读，理所应当受到助学金资助。终于在8月20日，张爱玲在香港大学重新注册入学，并被允诺补助1000元助学金。只是，助学金什么时候下发是个未知数。

就在张爱玲经济窘迫之时，远在日本的炎樱给她来信了。在信中，炎樱提到可以为张爱玲在日本找一份工作以解决目前的经济困难问题，同时也可以顺便打探一下从日本转至美国的情况。昔日挚友的一番邀请，让张爱玲颇为动心，于是她当即决定去办理离港备案等相关手续。然而，当张爱玲满心欢喜地来到日本后，才发现在异乡生存的艰辛。

眼见在日本待不下去了，1953年3月，张爱玲再次回到香港大学。8 月才刚刚重新注册入学，11 月份就离开，来年初又折返回来。如此反复的行为惹怒了校方，学校断然拒绝了张爱玲的重新入学申请，注册处的主任还写信向她追讨她所欠下的学费，共计 457 元。张爱玲也不甘示弱，回信说校方曾经允诺发放的助学金并未到位，理应补发给她。就这样，经过一番争执，最后双方达成协议，张爱玲所欠学费可以分九次付清。

虽然事情终于得以平息，但张爱玲和学校的关系已经彻底闹僵，也惹怒了当初给予她帮助的贝查院长。为了缓和僵局，后来张爱玲还带着家里祖传的一套古董去贝查院长家致歉。只是，虽然把东西送出去了，他们的关系却并未好转。为此，张爱玲亦是懊恼不已。

张爱玲去往美国后，一直多次致函香港大学，希望校方出具其在校期间的相关证明。由于其与香港大学之间的纠葛，港大一直未有回应，直到无路可走时，张爱玲向英国驻美国大使馆求助，此事才算了结。

日本谋生无路，香港大学求学无门，此时的张爱玲只有继续通过自己的努力去找工作。那时，英国东南亚专员公署正在招聘翻译，有意雇用张爱玲，于是派人上门对她的背景进行调查。不料，在调查至港大的时候，校方有人反映说她来自大陆，又反复入学，行踪隐秘，怀疑“可能是共产党人”。此言论一出，不仅即将到手的工作没有了，张爱玲还被警察局传唤多次进行调查。

就在内忧外患之时，张爱玲终于在美国新闻处谋得一份翻译的工作。这个机构是美国驻港领事馆的新闻处，简称美新处。该机构主要负责收集中国香港及内地其他地方的相关信息新闻，也做一些中美文化交流的事情。当时，美新处有一个美国书籍中译计划，意在将美国的一些文学作品翻译成中文并在香港出版发行。此工作需要水平较高的翻译人才，张爱玲恰逢其时。

张爱玲并不是美新处的雇佣员工，只是负责翻译文稿的工作。其间，她先后翻译过海明威的《老人与海》、玛乔丽·劳伦斯的《小鹿》、马克·范·道伦编辑的《埃默森选集》、华盛顿·欧文的《无头骑士》。其实，张爱玲对这些文学作品并不感兴趣，但出于生计考虑不得不为之，“好像同自己不喜欢的人谈话，无可奈何的，逃又逃不掉”。

这一时期，张爱玲结识了同在美新处做译员的邝文美女士及其丈夫宋淇。宋淇先生笔名林以亮，是著名戏剧家宋春舫之子，1940 年毕业于燕京大学西语系。宋淇于 1948 年来到香港，先后在美新处书刊编辑部、电影业公司和邵氏电影公司任职。他对中国古典文学有着很深的感情，对《红楼梦》的见解也非常独到。20 世纪 40 年代，宋淇夫妇曾经在上海生活，对张爱玲早有耳闻，更是她的热心读者，这一次在香港邂逅，夫妻俩给张爱玲提供了很多帮助。

伊始，张爱玲住在女青年会，翻译的作品陆续出版后，有一些读者慕名前来，到她住所处拜访。张爱玲对此深感不安，宋淇夫妇便在自己家附近为她租了一间房子，虽不华丽，却也能安心工作和生活，彼此之间的联系就更为频繁了，从此他们成了终身挚友。

渐渐地，生活开始明朗起来，张爱玲再次开启了自己的创作生涯。在平日翻译工作之余，她开始着手写英文小说 *The Rice Sprout Song*，就是后来的著名小说《秧歌》。这是第一次用英文写小说，张爱玲心里并没有把握，就将初稿拿给宋琪夫妇过目。经过一番商榷后，才将稿件寄给了美国出版商。这期间，美国作家马宽德来中国访问，美新处的负责人麦卡锡负责接待，就把张爱玲介绍给他认识。

张爱玲将《秧歌》的前两章拿给马宽德看，并请他指点。马宽德连夜看完后，打电话给麦卡锡，说这是一个好作品，并带回至美国给出版界大力推荐，推动此作品在美国日后的出版。

《秧歌》最后由查理·司克卜纳理出版社出版发行。一经问世，就得到了读者的广泛好评。《纽约时报》的主栏和书评专栏连续两次对该小说发表评论，《星期六文学评论》等级别比较高的杂志也刊登出佳评。

时过不久，一向选文严格的《时代》周刊也登出评论，给予了高度评价。再后来，小说被改编成电视剧在美国国民广播电台播出。此后，张爱玲亲自动手，将《秧歌》翻译成中文在香港《今日世界》杂志上连载。随之而来的针对这部小说的议论延续至今。但是无论哪一派别，都不否认：从这部作品中，可以看出张爱玲的文风已经改变。

这就是张爱玲，一个传奇的女子，一个不受约束、不流于众的女子，一个不可捉摸、备受争议的女子。离开内地远赴香港，她的生活已然出现转折，却没有人可以断定孰是孰非。就在这个华美城市，经历着艰辛与收获，喜悦与不安，幸而有挚友陪伴在侧，度过了又一段波涛起伏、炫丽苍凉的3年时光。

7. 拜会胡适

20世纪50年代，正值冷战高峰期，内地的政治运动波涛不断。即使在香港，张爱玲仍然是担忧的，害怕哪一天又要被清算、被批判。这种不安的焦虑情绪一直萦绕在她的心头，就像《浮花浪蕊》中的女主人公一样，对内地的形势倍感“恐慌”，她甚至觉得离开内地，来到香港还不够，即便明知去日本前途渺茫，仍然决意离开，如同女主人公所说：“走得越远越好。”此番描述，想必也印证了当时张爱玲的内心想法，或许移居国外的想法已然生出。

1953年，美国颁布了一则难民法令，允许少数具备专长技艺的外国人到美国，日后可申请为美国公民。其中，整个远东地区的名额指标有5000个，3000给本地人，2000给外地人，张爱玲属于后者。

1955年，张爱玲向美国方面提出了入境申请。而那时，内地也并没有将张爱玲遗忘。1953年间，唐大郎曾托从内地赴港的人带给张爱玲一封信，信是夏衍授意写的，劝张爱玲不要去美国，如若回到上海最好，不能的话，留在香港也是好的。遗憾的是，这封信最终没有送到张爱玲手中。

当年秋天，张爱玲乘坐“克里夫兰总统号”轮船离开香港，远赴美国。前往码头送行的是宋琪夫妇。张爱玲一回到船舱就给宋琪夫妇写信，船经过日本时，这封长达6页的长信就寄出了，信中说道：“别后我一路哭回房中，和上次离开香港的快乐刚巧相反，现在写到这里也还是眼泪汪汪起来……”此去异乡，张爱玲凄惶无助的心情展露无遗。

船是在旧金山入境的。审查张爱玲身份的海关工作人员是一个日本裔的青年，张爱玲身高大概1.72米，相当于5.65英尺，结果这位海关工作人员将其身高登记为6.65英尺，相当于2米多。张爱玲感到很有意思，说这是一个“弗洛伊德式的错误”，戏称是因为那日本青年比较矮，看到瘦高的张爱玲，从而产生了自卑心理而导致的笔误。

入境后，张爱玲在旧金山稍作休整就乘火车直奔纽约，与炎樱会面。同时，张爱玲还急于拜见一个人，那就是胡适。

20世纪50年代初，胡适所主张的杜威式的自由主义，在台湾并不受蒋氏父子的重视，而在大陆，胡适的思想论调更是受到口诛笔伐，被批驳得体无完肤。1949年4月，胡适脱离政坛，也是从上海乘坐“克里夫兰总统号”到达美国，开始他的落寞闲居。

1954年10月25日，也就是在《秧歌》的中文版出版一年之后，张爱玲寄了一本自己的小说给在美国的胡适，并随书附寄短信一封。在信中，张爱玲提及，曾经读过胡适关于《醒世姻缘》和《海上花》的考证，印象非常深刻，恳请胡适读一下这本《秧歌》，希望这本书能够如胡适曾经给《海上花》所作出的评价一般，具有“平淡而近自然”的意味。

数月之后，胡适给她回了信，说：“你这本《秧歌》，我仔细看了两遍，我很高兴能看见这本很有文学价值的作品。你自己说的‘有一点接近平淡而自然’的境界，我认为你在这个方面已经做到了很成功的地步。这本小说，从头到尾，写的是‘饥饿’——也许你曾想到用‘饿’做书名，写得真好，真有‘平淡而近自然’的细致功夫……我真感觉高兴，如果我提倡这两部小说（指《醒世姻缘》和《海上花》）的效果单止产生了这一本《秧歌》，我也应该十分满意了。”

张爱玲收到胡适的回信后欣喜不已，对于胡适的评论如此细致亦是感动不已。几年后，胡适将他阅读过的那本《秧歌》寄还给张爱玲，只见书本页面上满是圈点标注，在扉页上还有题字，张爱玲见状更是感动得无以复加。

第二年，胡适的夫人江冬秀也来到纽约。而此时的胡适情绪依旧不佳，学术上也并不顺利，虽然他荣获了几十个美国大学所授予的博士学位，还曾在哥伦比亚大学就读过，但在美国谋职依然面临许多困难。直到 1950 年 5 月，胡适才在普林斯顿大学葛斯德东方图书馆谋得一个管理员的职务，两年后卸任。

1955 年 11 月，张爱玲到纽约后一个星期即去拜会胡适。由于是首次拜访，为了不显突兀，张爱玲和炎樱一同前往。纽约东城 81 号街上，有一排白色小洋房，门洞里有楼梯，完全是港式的公寓房子，胡适的住所就在这里。那是个周日的午后，慵懒的日光，港式的洋房，这一切都让张爱玲恍惚生出还在香港之感。

上楼，进门。室内的陈设也是倍感熟悉，中国式的堂屋，清一色的红漆木桌椅，古色古香的纹图花瓶，一切都是属于中国的味道，一股思乡之情油然而生。

胡适身着长袍，他的太太江冬秀在一侧站着，还带着点安徽口音。据后来张爱玲描述，胡适的太太是“端丽的圆脸上看得出当年的模样，两手交握着站在当地，态度有些生涩……她也许有些地方永远是适之先生的学生”。

初次拜访后，张爱玲又去过胡适家一次。关于书房的描述：“书房里，整个一面墙上是一溜书架，几乎高齐屋顶，造型简单，但似乎是定制的。可是这书架不是放书的，全是一沓沓的文件夹，多数都乱糟糟地露出一截纸。这大约是先生作《水经注》考据用的，整理起来不知要耗多少时间与心力。”张爱玲自言与这位前辈谈话“确是如对神明”，不敢有半点松懈，“是像写东西的时候停下来望着窗外一片空白的天，只觉得那空茫里蕴藏着很多，但又不知究竟有什么”。胡适对她也颇为关心，担心张爱玲一人在外孤独，感恩节时特意打电话邀请她到中国餐馆吃饭。

通过交谈才发现，张爱玲原来和胡适还是有一些渊源的。胡适的父亲与张爱玲的祖父张佩纶有过来往。光绪七年，张佩纶写信介绍胡适的父亲胡传去面见一位有实权的朋友，此举开启了胡适父亲胡传的职业生涯。后来，张佩纶遭到贬谪，胡适的父亲胡传曾经致信宽慰并寄去银钱两百，张佩纶甚为感动，在其日记中有专门描述。

抗战结束后，各大报纸又一次刊登胡适回国下飞机的照片。照片上的胡适笑容满面，打着圆点蝴蝶结式的领结，张爱玲姑姑看了笑道："胡适之这样年轻!"那时的胡适对时局还抱有颇高的期望。丝丝缕缕的前缘于今日真人得见，时空的交叠与奇妙让人不由感慨万分。

初到异地，张爱玲住在炎樱家中，后来救世军办了一个职业女子宿舍，就搬了过去。救世军是基督教的慈善团体，主旨救济贫民，住在此处自然不会体面，"谁听了都会骇笑，就连住在那里的女孩子们提起来也都讪讪地嗤笑着"。这女子宿舍的场景也是怪异的，对于入住的人，虽然有年龄的限制，但也是有差异的，甚至有些年长的女士，似乎和教会有联系，是打算在此处终老的。其中，管事的老姑娘都被称为"中尉"或者是"少校"，而餐厅里为大家代斟咖啡的服务人员，都是从街上收容来的流浪人群。对于生性孤傲的张爱玲来说，选择住在这里也是分外纠结的决定。

令她感动的是，胡适有一天专门来此处看望张爱玲。她请胡适到客厅就座，而所谓的客厅，不过是一个黑洞洞的闲置多年的学校礼堂，里面有个讲台，还有一架破旧的钢琴，讲台下面七零八落地散放着一些破旧的沙发。因为空置多年又鲜有人来，显得尤为破败寥落。

张爱玲也是第一次到此。她望着眼前的一切，对着胡适只是无奈地笑笑，胡适却称赞很好。坐了一会儿出来，胡适一面四处看看，一面又说很好。这时，张爱玲似乎意识到，胡适口中的很好并不是指环境好，而是对于她能够在如此环境下还能安之若素的心态表示赞赏。

对于此次见面的情景，多年以后，张爱玲仍然记忆犹新：

我送到大门外，在台阶上站着说话。天冷，风大，隔着条街从赫贞江上吹来。适之先生望着街口露出的一角空蒙的灰色河面，河上有雾，不知道怎么笑眯眯地总是望着，看怔住了。他围巾裹得严严的，脖子缩在半旧的黑大衣里，厚实的肩背，头脸相当大，整个凝成一座古铜半身像。我忽然一阵凛然，想着：原来是真像人家说的那样。而我向来相信凡是偶像都有“黏土脚”，否则就站不住，不可信。我出来没穿大衣，里面暖气太热，只穿着件大挖领的夏衣，倒也一点都不冷，站久了只觉得风飕飕的。我也跟着向河上望过去微笑着，可是仿佛有一阵悲风，隔着十万八千里从时代的深处吹出来，吹得眼睛都睁不开。那是我最后一次看见适之先生。

1956 年 2 月，张爱玲搬离纽约，去了新英格兰。1958 年，张爱玲申请到南加州亨廷顿・哈特福基金会住半年，并享受写作资助。此时，她曾写信给胡适，请求其为她担保，胡适应允。就在同年，胡适返回台湾，此消息也是张爱玲在读报纸时看到的。

1962 年，胡适心脏病发作逝世。就这样，在异乡能够给予张爱玲星点温暖的人离去了。张爱玲得知胡适不在人间的信息后，心情惘然，“那种仓皇与恐怖太大了”。历尽漂泊却无处安身，历经动荡却终不得安稳，倾尽所有激情却始终换不到想要的温暖。茫茫大洋彼岸，“为谁风露立中宵”？

第五章　死生契阔

“死生契阔，与子成说。执子之手，与子偕老。”在张爱玲的眼里，这是一首悲凉的诗，就如胡兰成所说的愿使岁月静好，现世安稳。然而，她又喜欢这首诗，喜欢里面那份积极的人生态度。张爱玲是一个执着的人，一旦付出便不会轻易放弃，哪怕前面是万丈深渊，她也会义无反顾。

1. 美丽邂逅

也许，命运注定了她要一生颠沛，她自己也说像极了浮世的尘埃。当她厌倦了俗世的种种，选择让心灵找寻一份安宁时，她幸运地遇到了心灵的伴侣。这段超越国界、语言和年龄的爱恋，让她几近绝望和死寂的心重新燃起了对生活的希望。

时至 1956 年 2 月，转眼间张爱玲来到美国已经 4 个月了。由于她的英文小说《秧歌》销路并不好，没有再版，因此并未给她带来预想的经济收益。而此时，她也没有新作品问世。作为一个职业作家，此种情况自然直接影响生计。于是，张爱玲决定效仿一些美国作家，向写作基金会之类的组织请求帮助。

1956 年 2 月，张爱玲向位于新罕布什尔州的麦克道威尔文艺营写信请求帮助，同时请她的代理人玛莉·勒德尔作保，又找了司克卜纳理出版社的主编哈利·布莱格和著名小说家马昆德做她的保证人。这封信的内容大致如下：

亲爱的先生/夫人：

我是一个来自香港的作家，根据1953年颁发的难民法令，移民来此。我在去年10月份来到这个国家。除了写作所得之外我别无其他收入来源。目前的经济压力逼使我向文艺营申请免费栖身，必能让我完成已经动手在写的小说。我不揣冒昧，要求从3月13日至6月30日期间允许我居住在文艺营，希望在冬季结束的5月15日之后能继续留在贵营。

张爱玲敬启

在3月2日，文艺营回信，应允了她的入住申请。

3月中旬，张爱玲离开纽约，先乘火车到波士顿，再转长途巴士到新罕布什尔州，到了彼得堡市区，又雇了一辆计程车，到市中心数千米外的麦克道威尔。一路历经“长途跋涉，舟车劳顿”。

此时的彼得堡已经进入冬天，前几天这儿刚下过一场大雪，空气中带着凛冽的寒意。张爱玲坐在计程车里，衣衫单薄，刺骨的寒冷混着疲惫和漂泊感让她倍感孤独。到达目的地时，天色已晚，距离市区也很远了，外面漆黑一片，什么都看不清楚。忽然，张爱玲看到前面有一个灯火通明的大厅和几十所透着灯光的小房子。远远望去，就像是欧洲中世纪的小城堡。灯光柔和，似有若无的音乐飘荡在空气中，恍如世外仙境。

“这是中国的桃花源吗?”张爱玲想着便笑了。车越开越近了，可以看到门前车道两旁耸立着的参天大树。地上残雪未消，踏上去“簌簌”有声。张爱玲的心突然安定了下来，仿佛似曾归来。麦克道威尔文艺营就在眼前了。站在门外，张爱玲就听到里面的声音，还不时传出欢笑声。她默默地在心里说：“你好，麦克道威尔！我来了！”

麦克道威尔文艺营建于 1907 年，由著名作曲家爱德华·麦克道威尔的遗孀玛琳·麦克道威尔所创立。它坐落在新罕布什尔州的群山密林之中，是由 40 多栋大小房舍、别墅、工作室、图书馆等构成的建筑群，景色宜人，可谓世外桃源。建立文艺营的初衷是赞助有才华的文学家和艺术家，暂时摆脱世俗的干扰，在一种宁静的环境下专门从事创作。

张爱玲来到文艺营后，被安置在女子宿舍，她还拥有了一间环境幽静的属于自己的工作室。这几年饱经动荡漂泊，张爱玲终于有了这么一个安稳的写作环境，自然倍感欣慰。张爱玲不擅长社交活动，她来到这里的目的是为了她的创作计划，她希望能在这里写出她继《秧歌》后的第二本英文小说，这一部英文小说就是 *Pink Tears*，中文翻译为《粉泪》。这部小说是《金锁记》的拓展本。当年，《金锁记》在上海风靡一时，张爱玲对这部小说极有信心，希望借此小说的出版发行，打开自己在美国的市场。她要效仿林语堂的写作方式。林语堂此时在美国从事英文写作，在美国出版界和读者群中都有很大的影响力，他的小说《京华烟云》甚至获得了诺贝尔文学奖的提名。

在文艺营生活，自然就免不了认识一些艺术家朋友。文艺营的生活方式是严格的、有规律的：早晨一起共进早餐，然后各自回到自己的工作室，努力创作。为了避免他们创作中断，午餐都是放在一个小篮子里，摆在工作室入口。下午 4 点之后可以欢聚和娱乐，晚餐则是在文艺营大厅集中享用。在文艺营时是张爱玲在美国难得的平静时期，尽管没有实际收入，但阶段性的衣食无忧，让她的精神得到了放松。张爱玲把全身心都投入文学创作中去，很少参加社交活动。

3 月 13 日，是一个转折性的日子。那一天，张爱玲第一次在大厅里遇到了赖雅。文艺营的大厅是艺术家们的大聚会场所，各种艺术门类、各种风格的艺术家们在此相互交流。那时，赖雅正与一群艺术家们举杯喝酒。张爱玲初来乍到，又不认识什么人。况且，这里的东方人极少，一时间她倒显得引人注目。

张爱玲随手拿起一本文学杂志，坐在沙发的角落里翻看起来。那时，张爱玲已经注意到赖雅，那个风度翩翩的老人，他是整个大厅里最活跃的人物。同时，赖雅也注意到了张爱玲，一个显得有些郁郁寡欢、不合群的东方女人。

“小姐，我以前好像没有见到过你！”赖雅微笑着举着酒杯来到张爱玲面前，开启了二人的首次交谈。

“我从中国来！”张爱玲礼貌地回答。

赖雅被眼前这位既庄重大方又有些清冷的女人吸引了。四目相对时，张爱玲的心中有一种强烈的触动，但又说不清究竟是什么感觉。这正如她在一篇文章中所写的：“于千万人之中遇见你所要遇见的人，于千万年之中，时间的无涯的荒野里，没有早一步，也没有晚一步，刚巧赶上了，那也没有别的话可说，唯有轻轻地问一声：‘噢，你也在这里吗？’”

“对不起，我们明天有机会再谈好吗？”赖雅礼貌地对她说。

那一晚，张爱玲回到工作室后，心里久久不能平静。

赖雅的全名叫甫德南·赖雅，1891 年出生在美国费城一个德国移民家庭。他从小便会讲流利的德语，5 岁时随父亲横穿大西洋去德国探亲。早在孩提时代，赖雅就能即兴赋诗，显示了他出色的文学天赋。17 岁时，赖雅就读宾州大学文学专业，后进入哈佛大学攻读硕士学位，毕业后在麻省理工学院任教。后来他辞去教职，成为一名自由撰稿人。

赖雅知识渊博，表达能力出色，很多美国著名作家都曾是他的好友。他骨子里是一个流浪者，不喜欢被婚姻束缚。

1914 年 7 月，他与吕蓓卡·郝威琪结婚。这位女士是一个活跃的女权主义者。他们两人的性格似乎都不适合过家庭生活。赖雅结婚时，父亲曾送他一笔钱作为贺礼，希望他能把新房好好装修一下，而他却将这笔钱全部消费在纽约最豪华的饭店里。父母要来看他时，他不得不事先把其他东西典当来租家具以作敷衍。因此，两人婚后是各干各的事情，聚少离多。

1920 年，他在《麦克劳氏杂志》上连载了一篇名为《人、虎、蛇》的中篇小说，获得 2000 美元的稿酬。随后，他去了欧洲，先后旅居巴黎、柏林、英国及土耳其，并访问了很多文学界的重要人物，如庞德、福特等人。女儿菲丝的出生曾一度使他很着迷，他试图和妻子商量过一种较为正常的家庭生活。因此，他们在缅因的罗宾汉一起生活了一年多，然而，琐碎的家庭生活加深了两人之间的矛盾。1926 年，在吕蓓卡的要求下，两人结束了这种名存实亡的婚姻生活。

离婚后，赖雅的时间主要分成两部分：一部分是住在纽约布鲁克林的公寓，另一部分是和以前一样周游世界各地。什么时候需要用钱了，他就把文章出售给诸如《女士家庭杂志》和《红皮书》等刊物。这些文章从某种意义上来说是为了维持生活而出售的一种商品，因此，这些文学作品既经不起推敲，又不够严肃。

1931 年 8 月，赖雅应朋友电影导演约翰·休斯顿之约去好莱坞当编剧。赖雅动身前，他的朋友、诺贝尔文学奖获得者辛克莱·刘易斯预言他会一夜成名。然而，此人的预言并没有成真。

赖雅的才华虽然受到制片人和导演的欣赏，但好莱坞每周至少 500 美元的高薪，让他沉浸于“梦幻工厂”的享乐之中。同时，他生性热情，总是热心为朋友修改稿子，把大量的金钱和时间都贡献给了朋友。

赖雅曾为捷克记者和德国舞台导演移民到美国做保人。20 世纪 30 年代的好莱坞是左翼思潮的大本营，在那里，赖雅成为马克思主义的信徒。此后，他便以一个激进的左翼作家的形象著称于世，但他并没有加入美国共产党，只是其亲密的同路人。

20 世纪 40 年代，由于反法西斯战争，好莱坞拍摄了一些正面描绘苏联社会的电影，1942 年的《斯大林格勒的好男儿》即出自赖雅之手。1950 年左右，赖雅应布莱希特之邀到德意志联邦共和国去，希望能再次联手，大干一场。作为左翼作家，布莱希特的名声在 20 世纪 40 年代扶摇直上，甚至享誉世界，然而，他对赖雅的态度却前后判若两人。

虽身为共产党人，但布莱希特为人自私、势利，性情爽直的赖雅对此很反感。没过多久，赖雅就不辞而别回到了美国。

布莱希特察觉到了异样，便写了几封信欲挽回友情，但是赖雅感觉他并不真诚，就没有回复。

值得一提的是，尽管赖雅对布莱希特很反感，但他不会因此而轻视他的作品，他依然热情地向大众推介布莱希特的作品。1943 年，赖雅不幸摔断腿，还患上了轻度中风。此后，身体状况每况愈下。1954 年，他又一次因中风而住院。随着年华老去，他的创作精力也日益减退。

晚年的赖雅几乎没有什么积蓄。1956 年冬，他申请到麦克道威尔文艺营居住。这一次，他遇到了张爱玲。

第二天晚上，在大厅里，张爱玲的心泛起涟漪，心里开始莫名地惦念着那位赖雅先生，她开始偷偷地四处寻找，还是没有看见他，张爱玲的心里不禁涌现一丝失望。

“爱玲小姐，晚上好！”张爱玲回头一看，正是赖雅，微笑着看着她。

“你好！赖雅先生！”

“叫我甫德吧，朋友们都这么叫我。你的英语说得很地道，你来美国很久了吗？”赖雅诚恳地问。

“不，我来美国才半年。我一直都待在纽约。”张爱玲回答道。

“是吗？”赖雅颇感惊讶，听到张爱玲一口流利而地道的英语，他以为她已经来美国很长时间了。

两天后，一年里最猛烈的一场暴风雪袭击了这一地区。一夜之间，整个大地银装素裹，天寒地冻，冷冽彻骨。张爱玲还从没有经历过这么寒冷的冬天。文艺营的艺术家们都聚集在大厅中取暖，唯有张爱玲和赖雅在外面走廊聊天。随着谈话内容渐多渐深，二人愈发有“相见恨晚”的感觉。在听完彼此的经历后，他们都不禁感叹人生的无奈与奇妙。

2. 灯火阑珊

“东风夜放花千树，更吹落，星如雨。宝马雕车香满路。凤箫声动，玉壶光转，一夜鱼龙舞。蛾儿雪柳黄金缕，笑语盈盈暗香去。众里寻他千百度。蓦然回首，那人却在，灯火阑珊处。”

当年与胡兰成的那份爱情，犹如一束美丽的烟花，姹紫嫣红过后，留下的，只有一地灰烬，慢慢变凉，而留在地上的痕迹却触目惊心。那时，张爱玲以为自己此生再与爱情无缘。然而，春去春来，花来花落，遇上那个合适的人，新的爱情已经在心中悄然萌生。

1956 年 3 月底，张爱玲和赖雅渐渐熟悉，开始到彼此的工作室里做客。4 月 1 日，大家在大厅里共享复活节的正餐时，张爱玲把她的小说《秧歌》拿给赖雅看，希望得到他的指正。

雪后初霁的日子，清冽而又明净，赖雅轻轻敲开了张爱玲工作室的门，邀请她一起出门走走。

山中本就景致盎然，下雪后更是平添意境。张爱玲和赖雅在雪地上走着，有声的脚步伴随着无声的静默，赖雅取出了那本《秧歌》，还给张爱玲。

“你不喜欢，是吗?”张爱玲小心翼翼地问。

“不，爱玲，没想到，你的文章写得那么漂亮，文笔又是如此优美。”赖雅认真地说。

“可是……”张爱玲仍然颇有顾虑，毕竟小说和这位眼前的读者出自不同的国情和政治背景，她不敢想象赖雅能够欣赏这样的作品。

接着，赖雅真诚的话语打消了她的顾虑，“可是政治观点和艺术并没有什么必然的联系”。

二人在路边的一块大石头上坐了下来。赖雅开始给张爱玲讲他人生中的一些成功和精彩经历，带着些许传奇色彩和浪漫情怀。

1908 年，年仅 17 岁的赖雅进入宾夕法尼亚大学攻读文学专业。20 岁以前，他就创作了不少诗以及一部名为《莎乐美》的诗剧，成为颇有知名度的青年作家。1912 年，他进入哈佛大学攻读文艺学硕士学位。1914 年，他凭借一部《青春欲舞》的剧本，被乔治·贝克教授邀请到著名的戏剧研究组去。这部戏剧入选在彼得堡召开的麦克道威尔戏剧节的作品名单。1914 年，他离开大学，成为《波士顿邮报》驻欧洲的战地记者，报道第一次世界大战。回到美国后，他住在纽约的格林尼治村，并开始过一种自由撰稿人的生活。在那里，他以其颇有魅力的个性结识了许多好友，其中包括华莱士·史蒂文斯、第一位获得诺贝尔奖的美国作家辛克莱·刘易斯以及其他美国著名文人。

1917 年，赖雅曾经在一夜之间完成一则短篇小说，并被当时颇有声望的《星期六晚报》刊登。1916 年至 1920 年，赖雅写过各种类型的文章，发表在诸如《新共和国》《哈泼氏》等杂志及《星期六晚邮报》上，内容从英国诗人济慈到外国烹饪，包罗万象。他有一个理想化的观点，他坚信美国中西部是美国文化的中心地，必将产生伟大的作家，同时又时刻提醒着制度上的缺陷，关心着这个国家的过去和未来，也算是“意气风发、挥斥方遒”。1927 年，客居柏林时，赖雅结识了德国剧作家贝托脱·布莱希特，自此与其成为莫逆之交。20 世纪 30 年代在美国，赖雅的知名度比布莱希特大得多，赖雅为宣传布莱希特的作品一直不遗余力。

1933 年初，德国的纳粹势力猖獗，布莱希特从德国逃亡出来。赖雅热情地向他伸出了援助之手，设法将他的家眷弄到美国，并将他们安顿在加州的圣太莫尼卡。赖雅是布莱希特在美国本地少数几个作家朋友中较好的一个。赖雅与布莱希特合作过两个电影剧本，协助布莱希特好几部戏剧的修改和演出，也是《伽利略传》的主要英文翻译者。布莱希特经常给赖雅讲一些马克思主义方面的基本知识，更坚定了赖雅的政治立场。1949 年，布莱希特离开美国后，赖雅是他所有作品的正式代理人。后来，布莱希特成立著名的“柏林剧团”时，赖雅是唯一被正式邀请赴德成为永久团员的美国人。

张爱玲对于这些深信不疑，还听得津津有味。赖雅曾经张扬的人生，恰好与张爱玲对于“恣意”和“轰轰烈烈”式的人生期盼不谋而合。两个人开始在愈发浓重的夜色中，彼此惺惺相惜，在情感上相互取暖。

转眼间进入春天，料峭春寒逐渐退去，融融暖意带着新生即将到来。张爱玲与赖雅之间的关系也随着回暖的天气而越来越亲密。赖雅的风趣幽默和宽厚仁慈，渐渐冲淡了张爱玲心头的愁苦。

他们时常于晚饭后携手外出散步。交谈内容海阔天空，虽有观点不一致的时候，但是他们并没有产生矛盾，因为二人并不以说服对方为最终目的，只是在真诚信任的基础上各抒己见。这种和谐而有趣味的相处方式进一步拉近了二人的距离。同时，张爱玲正致力于小说《粉泪》的创作，赖雅也经常到她的工作室给予建议和指导。到了 5 月，他们的关系已非常亲密，俨然成为热恋的情侣，形影不离。

然而，好景不长，在热恋中的二人不得不面临分别。按照规定，入住的文艺人士在文艺营的逗留时间是有期限的，冬季为 4 个月，夏季则更短。赖雅的期限是到 5 月 14 日，他将转到纽约州北部的耶多文艺营去。

临行前，张爱玲坚持到车站送赖雅。车站里人影稀疏，到处弥漫着临别的伤感。张爱玲跟赖雅谈到了一些很现实的问题，比如她的代理人、出版商、美国市场以及她经济上存在的问题，用最稀松平常的话语掩饰着自己内心的不舍。

手头拮据的张爱玲还是拿出一些现款交给赖雅，她骨子里传统的情结永远都在，临行、送别、赠银两，赖雅被张爱玲的一片赤诚之心感动了。

赖雅在耶多文艺营的期限只有 6 个星期。期满后，他搬到萨拉托卡泉镇的罗素旅馆中去。7 月 5 日，他收到张爱玲的信，信中说她已怀孕。赖雅惊诧不已，如今他已离婚30年了，身体不好，创作力减弱，无固定收入且居无定所。思考再三，赖雅写下了一封热情洋溢的求婚信。那时候，张爱玲已经结束了在文艺营的生活，并获准在10月可以重返文艺营。这段时间，她暂租住在纽约市第99街一位营友罗丝·安德逊的公寓里。

两天后，张爱玲来到了赖雅所在的萨拉托卡泉镇。走在小镇的街头，古色古香的街灯发出幽暗朦胧的光。张爱玲与赖雅聊了很久，赖雅再次向她求婚。但是，赖雅坚决不要孩子，他称孩子为“东西”。当时张爱玲已36岁，迫于生活颠簸动荡，赖雅身体又不好，张爱玲最终听从了赖雅的建议，做了流产，她放弃了她人生中唯一一次做母亲的机会。

她在英文小说《赤地之恋》中增加了女主角给共产党干部当情妇后，做人工流产的情节，其中有对临床体验的描写以及心理动态的刻画，字里行间透露出的痛苦之情，想必也是她自己亲身体验的映照。后来，步入老年的张爱玲曾提及此事，只是还未开口就已潸然泪下。

1956年8月14日，赖雅与张爱玲在纽约举行了婚礼，马莉·勒德尔和炎樱为双方证婚人，炎樱也是唯一一个张爱玲两次婚姻的见证人。

张爱玲和赖雅二人能够走到一起，亦是缘分和时机的使然。当时，赖雅已经65岁，张爱玲却仅36岁，与赖雅女儿的年纪相当。同时，二人在政治立场上也存在着较大的差异。赖雅是著名的左翼作家，对苏联和马克思主义都怀着崇高的信仰，但是张爱玲经历过祖国大陆旧时代与新时代的转换，时局动荡下颠沛流离之苦与被口诛笔伐之痛均深深烙在她的心里，她对苏联及马克思主义自是敬而远之。而且，两个人的性格也反差很大：赖雅开朗外向，张爱玲则内向孤僻。

从文学风格方面而言，张爱玲一向以独到的视角去观察、去描述，文笔细腻而又不乏辛辣。同时，张爱玲的文思敏捷灵动，以她特有的空灵剔透的语句，把人性最深处的软弱与美好细细品评勾画，恣意张扬却也苍凉凄美；而赖雅的作品则洋溢着为大众追求理想社会的浪漫色彩，偏理想化且富有号召力。

从心理层面和家庭成长背景来看，张爱玲幼年与父亲关系不睦，父母疏离，亲情淡漠。她在内心深处对父爱的渴望和对家庭温暖的追求自然是强烈的，这或许也是当年她为什么嫁给大她十多岁的胡兰成的原因之一。

然而，纵然在张爱玲和赖雅之间横亘着如此多的差异，却丝毫没有影响二人跨越差异和分歧走到一起。每段年轻的岁月里都曾有过错过的缘分，没有缺憾的爱情经历是不存在的。只有爱过、痛过、悟过，才能在跌宕起伏的人生历程中，看清自己的内心，读懂自己的感情。

也许真的如此，无论多么炙热的爱情，最后都要回归到相守。人到中年，走过繁华与落寞，理性已经成为基本的技能，开始渐渐明白自己要什么，知道自己如何去追求心中所想。

婚后，二人一起在纽约短暂地旅行。这一次旅行给张爱玲带来了久违的快乐和放松，让她重新找到了少有的“家”的感觉。尽管这个家只是暂时租来的，但是，对于从小缺少家庭温暖又在外漂泊多年的张爱玲来说，这温暖犹如漆黑大海里的一盏明灯，照亮了她孤寂的生活，温暖了她苦涩的人生。

张爱玲人生中短暂的甜蜜时光就此开启。

3. 相依相伴

1956 年 10 月，张爱玲和赖雅再一次故地重游，返回麦克道威尔文艺营，这个见证了二人爱情萌生的地方。虽然那时已经进入深秋时节，但是二人仍然兴奋异常。然而，幸福的时光总是短暂的，新婚的热度还未退去，赖雅再一次中风了。此次意外病倒使他变得非常虚弱，不仅正常的写作难以为继，就连保持了几十年的写日记的习惯也不得不就此中断，即便勉强写来也是篇幅极短。

在赖雅突然病倒的期间，张爱玲的身心也受到了沉重的打击。期待的新生活刚刚开始，家的感觉刚刚萌生，就这样横生枝节，被生活的意外生生打断。一直以来，张爱玲都把赖雅视为自己在美国值得依赖的人。赖雅中风，使张爱玲万分沮丧，万分孤独无助。

在赖雅中风的日子里，张爱玲对赖雅悉心照料，她常常不眠不休地守候在赖雅的病榻前，照顾他的饮食起居，心中默默地祈祷赖雅早日康复。每当深夜，赖雅从昏睡中醒来，总会看到张爱玲靠在床边的身影。

在张爱玲的细致照料下，几个星期后，赖雅的身体慢慢有了起色。那时候，每个晴朗的午后，张爱玲都会搀扶着赖雅外出散步，加强锻炼，但因为疾病带来的后遗症，赖雅行动不便，走得非常慢。即便如此，张爱玲仍然觉得幸福，能和自己爱的人相守相伴，心就是安稳的、快乐的。

夕阳余晖，落日西沉，瑟瑟秋风带走余留在枝上的落叶。此情此景让张爱玲不禁心生感慨，叹道："我真害怕，有一天你会离我而去。你不知道，你病倒在床上那些天，我的心里有多么恐惧。"

"爱玲，相信我，我会坚持住的，为了我们的将来，我决不会离开你的。"赖雅坚定地说着。

1956 年 10 月末，赖雅康复了。但是，由于多次中风，加上年龄偏大，到了 12 月 19 日，赖雅的病又一次复发，他因脸部麻痹被送到医院，几乎无法说话。张爱玲的心又一次跌入深渊。

那时正值圣诞节，早晨下了大雪，张爱玲一大早便出门采购过节用的物品。赖雅虽在病中，也挣扎着起来帮张爱玲张罗事情。不一会儿，丰盛的圣诞晚餐就做好了，有张爱玲最拿手的几道中国菜。温暖的灯光下，二人互相宽慰，张爱玲许下了自己新年最大的愿望：期望来年赖雅身体康健。

功夫不负有心人，在张爱玲的精心陪伴下，赖雅的身体逐渐康复，到 1957 年 1 月底，赖雅已经能够出远门到波士顿去探望他的兄弟了，还可以到波士顿最大的费伦百货公司去逛街购物了。

1957 年 1 月中下旬，赖雅和张爱玲一起乘长途巴士返回麦克道威尔文艺营。张爱玲集中精力把她的中文小说《赤地之恋》

翻译成英文。3 月中旬，张爱玲终于完成《赤地之恋》的英文版，并把完成的文稿寄往纽约。

赖雅虽有庞大的写作计划，包括一部传记、两部戏剧和两部小说，但因为身体原因，除传记外，基本都无法完成。而此时张爱玲的几部小说，除《秧歌》外，投寄出去的文稿都犹如石沉大海。

张爱玲和赖雅曾找戴尔出版公司面谈过小说出版事宜，但戴尔出版公司方面认为，出版张爱玲的作品对公司而言，是具有相当大的风险的，不能在短时间内做出决定，需要等待一段时间再说。正当困顿之时，哥伦比亚广播公司来了消息，他们打算将张爱玲的《秧歌》改写成剧本，并可支付给张爱玲稿酬 1440 美元。这对于张爱玲和赖雅来说，无疑是个好消息。

但是，居无定所、指望救助的日子总是令人不安的。张爱玲和赖雅此次在麦克道威尔文艺营的留宿期限就要结束了，在期限到来之前，他们二人曾想方设法申请延期或到别的文艺营去，但很不幸，都遭到了拒绝。无奈之下，张爱玲和赖雅不得不考虑寻找出租房作为容身之地。后来，赖雅在彼得堡松树街 25 号找到一处带家具出租的公寓。这是一幢三层楼公寓，他们二人住在第三层。这幢公寓坐落在一条狭窄的坡形的街上，交通十分便利，只需向左转两个弯，不到 10 分钟便可到达镇上购买东西。但是，61 美元的月租金对于没有固定收入的张爱玲和赖雅来说，仍是一笔不小的开支。

即便如此，经济压力下的生活却也时时透露着琐碎的幸福。张爱玲和赖雅齐心协力经营自己的小家庭，即使简陋，却也不失温馨。在出租房里，除了已有的家具之外，他们二人还需要添置许多生活物品，诸如床单、窗帘及其他家庭必备用品。为了减少开支，赖雅经常到附近的贸易市场上去寻觅一些便宜实用的必需品，他常常兴奋地带回一些面包烘炉、三夹板桌子、木制小床等，张爱玲有时还和赖雅一起去“淘宝”。

有一次，她仅用3美元75美分就买到了4件漂亮的绒衫和一件浴袍，他们二人开心不已。由于租住的是陈年旧房，公寓里常常能发现蚂蚁，这让张爱玲颇为懊恼。她时常拿着杀蚁剂喷洒，赖雅还开玩笑地给她取了一个绰号叫“杀蚁刺客”。为了节省开支，张爱玲不雇用工人，自己亲自动手，把房间的墙壁都漆成了海蓝色。张爱玲说蓝色是属于天空和海洋的颜色，她喜欢这种颜色。

每当赖雅从外面购物回来，看到张爱玲一手拎着大漆桶，一手拿着刷子，汗流浃背的样子，不免感到心痛。可是张爱玲不在乎，她觉得很开心。赖雅与张爱玲的生活习惯有所不同，张爱玲喜欢在深夜创作，而赖雅则习惯于早睡早起。为了让张爱玲专心写作，大部分的家务劳动都由赖雅承担，同时一些外出的事务，比如购物、去银行、去邮局等也都是由赖雅来干。二人时常合作，做一些简单的饭菜。餐桌上常见的菜都是赖雅平日爱吃的汉堡牛排、鸡肉馅饼、炖牛肉、小羊肉以及一些蔬菜等。赖雅会顾及张爱玲的口味，做些她爱吃的鱼。吃饭前，他们还会喝一点香槟或红葡萄酒助兴。即使是简陋的出租房，只要充满爱意，也会在风雨同舟的日常生活中，散发出绚丽的光芒。

虽然面临诸多困难，但是此时的生活终究是宁静而温馨的。张爱玲和赖雅都喜欢阅读，闲暇的时候，他们二人均好书共赏，倒也其乐融融。由于他们二人都曾写过剧本，因此看电影是张爱玲和赖雅生活中一项重要的共同爱好。镇上有家小小的电影院，他们是那里的常客。在那儿，张爱玲和赖雅观看了许多电影，有的是经典重温，有的是新生力作，这成了他们生活中不可缺少的乐趣。

“死生契阔，与子成说。执子之手，与子偕老。”这首诗描写的大概就是眼前的画面吧，爱情，在张爱玲的心里扎了根，不是金钱的多少与住所的大小，而是有个人愿意和你相濡以沫，相守一生。在你需要的时候，让你安心依靠。

那时候，张爱玲的《秧歌》也在哥伦比亚广播公司的节目中播出。可惜，电视剧与剧本原作相差甚远，作品被改得面目全非，令张爱玲失望不已。有一天，张爱玲得到通知，司克利卡纳公司淘汰了她的第二部小说《粉泪》。这件事对张爱玲的打击是相当大的。《粉泪》的原型是《金锁记》，乃是张爱玲当年在上海的成名作之一，她对这部小说充满信心并寄予了厚望。这一次打击，无疑对她的自信造成严重影响。因为此事，她沮丧得病倒在床上，几天不能起来。

这期间，幸而得到赖雅的悉心宽慰，她又重新振作精神，开始动手创作新作品——《上海游闲人》。为了维持生计，她还不断地给老友宋琪所在的香港电懋电影公司写剧本，先后写出的有《情场如战场》《人财两得》《六月新娘》《桃花运》《小儿女》《南北和》等。其中一些剧本属搞笑之作，也非出自张爱玲的真实内心体验。由于宋琪的热心推荐，她的稿酬高达每篇800美元至1000美元，成为她很长一段时间以来的主要经济收入。

1957年8月中旬，一封加急电报从伦敦寄至张爱玲手中。信中说她的母亲病情严重，必须马上做手术。张爱玲手握信件，母亲，这个在她生活中缺席已久的角色，又依稀浮现在她的脑海中。在张爱玲的心里，自己的母亲是何其美丽，何其高贵，永远充满活力的母亲如何与病痛扯上关系？

出身封建官宦世家的母亲黄素琼，一度长年旅居国外，曾经在马来西亚买了一铁箱绿色的蛇皮，预备做皮包、皮鞋生意。后来，她在珍珠港事件后逃难至印度，因有出色的文笔，曾经做过尼赫鲁两个姐姐的秘书。1948年，她在马来西亚侨校曾经执教半年。张爱玲的母亲最后定居在伦敦，在1951年，她在英国一家工厂做女工制皮包。在异国他乡的生活也是颇为周折，她的主要生活来源还是靠变卖从中国带出来的几箱古董。

张爱玲相信坚强的母亲能够挺过这一关，也因为自己手头并不宽裕，因此，她写了一封信并附上100美元的支票寄往英国。可惜，手术后不久，母亲便逝世了，留给了张爱玲一个装满古董的箱子。睹物思人，张爱玲抚摸着这些古董，心中不免哀痛。但同时，这箱古董对于经济上捉襟见肘的张爱玲和赖雅来说，如同雪中送炭，解决了他们的燃眉之急。

第六章　磨难与红楼

“回忆这东西如果有气味的话，那就是樟脑的香，甜而稳妥，像记得分明的快乐，甜而怅惘，像忘却了的忧愁。”在张爱玲的内心，《红楼梦》中的人物似曾相识，书中的命运起伏与自己何其相似，“这里面全是熟人，走进里面去也许比走进外面的世界容易得多了”。曹雪芹笔下的红楼梦一场，聚散两茫茫，而张爱玲的人生时至此刻，又何尝不是旧事如烟，生死两茫茫呢？

1. 迁居岁月

在二人相依相伴的生活中，尤其是赖雅屡次病倒之时，张爱玲对他不离不弃、毫无怨言。这让赖雅深深体会到了东方女性的温柔贤惠。张爱玲日日陪伴赖雅出行锻炼，给他进行日常放松按摩，还常常给赖雅做一些他喜欢吃的中国菜。

张爱玲对于赖雅的理解和支持是心存感激之情的，而赖雅对张爱玲的悉心照料和出众的文采也是颇为感动和怜惜的。赖雅曾经执意要立下遗嘱，把他的全部财产都留给张爱玲，虽然不多，他称这都是一些无用之物，却是他对张爱玲的一片心意。可事实上，在这些“无用之物”中，收集着他与华莱士·史蒂文斯和贝托尔脱·布莱希特的大量通信。他是有关这两位文学大师信件最重要的收藏者，这些信件具有珍贵的史料价值。

张爱玲仍然保留着过生日的传统，但生日习惯以中国农历为准。可是东方和西方的日历算法是有所不同的，所以赖雅总是颇为迷惑，算不好张爱玲究竟什么时候过生日。这一年，赖雅很早就算出张爱玲在1958年的生日应该是阳历的10月1日，他特意在日记中记下这个日子来提醒自己，想给张爱玲一个惊喜。

这一天清早，屋外的绵绵秋雨淅淅沥沥地下着，屋内来了几个联邦调查局的人员，就赖雅所欠债务的问题进行核查。临近晌午时分，那些人终于起身告辞，赖雅这才长长地松了一口气。午饭后，赖雅变戏法般拿出早就准备好的生日蛋糕和一束红玫瑰送给张爱玲。张爱玲愣了一下，随即反应过来，不禁深为感动。张爱玲从小家道中落，父母离异，亲情淡漠，生日更是无人问津。这几年生活动荡，颠沛流离，更是没有心思过一个像样的生日。可是，没想到赖雅却算得那么准确，记得那么清楚，温暖了张爱玲的内心。

到了下午，雨过天晴，天空纯净如洗，赖雅与张爱玲一起到邮局去寄了几封他写给远方好友的信。他们踏着满是落叶的小径，静静感受着大自然的美好与清新。回到家后，晚餐是赖雅亲手做的肉饼、青豆和饭。饭后，张爱玲挽着赖雅的手盛装出门，一起到电影院去看一场叫《刻不容缓》的电影。他们看得很开心，也很投入。回到家里，他们感到肚子有点饿，就把剩下的饭菜吃了个精光。暖意融融的灯光里，张爱玲告诉赖雅，这是她38年来最快乐也是最难忘的一个生日。

1957年7月，张爱玲和赖雅到波士顿进行了一次旅行。从偏远小镇来到大都市，张爱玲顷刻间被都市的繁华和喧嚣所吸引。从那时起，她希望有一天能够到大都市去生活的想法便萌生了。

1958年春天，张爱玲再一次和赖雅提起迁居的想法。乡下小镇的生活虽然宁静，但是并不符合张爱玲内心对轰轰烈烈的炫丽生活的期待，经济虽不宽裕，但大都市的机会总是多的。况且，偏僻的地理环境影响了她的文学灵感及内心感受，从而影响了她的作品质量和发表情况。

此时的赖雅已是高龄老人，早年放荡不羁的传奇经历使他厌倦了都市的繁华与喧嚣，但是为了张爱玲的发展和二人的生活，他还是同意迁居。于是，张爱玲和赖雅一起向位于南加州亨廷顿·哈特福基金会文艺营提出了申请。至1958年7月，亨廷顿·哈特福寄来了录取通知书。获得批准后，赖雅做了一次身体检查，结果显示他的心脏功能良好，其他器官也正常。满怀着对大都市的向往，1958年11月，张爱玲与赖雅二人迁居到了那里。

在基金会提供的宽敞漂亮的花园般的大房子里，他们住了大概半年。房间视角很好，可以俯瞰整个浩瀚的太平洋。张爱玲和赖雅时常一起外出逛逛。他们到一些购物商厦里去，由于囊中羞涩，不能随意花钱，因此也遭到一些售货员的轻视。

好莱坞影视城就坐落在洛杉矶的比佛利山上，是让年轻时的赖雅风光无限的地方。遥想昔日，这位才华横溢的青年剧作家，曾经是诸多名导演的座上宾，好莱坞也曾留下他千金散尽、仗义疏财的好名声。可是，如今故地重游，许多赖雅曾一手提携过的人，都对他冷漠相待，这让赖雅更加深切地体会到了世态炎凉。

亨廷顿·哈特福文艺营的气氛比麦克道威尔文艺营要更加

轻松活跃一些。赖雅还是和以前一样热情好客，开朗外向。每日茶余饭后，他喜欢在大厅中和营友们聊聊天，玩玩小赌注的扑克牌游戏，度过一段轻松惬意的时光。张爱玲不喜欢交际，像往常一样，她独自躲在房间里写文章或者看电视。

有一天晚上，赖雅走进张爱玲的房间，故作神秘地说："爱玲，外面来了我们的一位老朋友，你出来见一下吧。"张爱玲不喜生人，坚决推辞，争执良久，赖雅才对她说："你知道吗？那位朋友是只山羊。"闻言，张爱玲快速跑到客厅里，看到那只小山羊，无比喜爱。她轻轻抚摸着小山羊的头，孩童般的纯净与欣喜溢于言表。在亨廷顿·哈特福文艺营住了几个月，张爱玲和赖雅又计划迁到旧金山居住。

旧金山是一个美丽的临海城市，渔人码头热闹非凡，唐人街的夜晚更是灯火辉煌，人声鼎沸。曾经有人这样评价："美国所有地方都千篇一律，只有旧金山例外。"1959 年，张爱玲和赖雅在旧金山住下。

张爱玲的不善交际也颇影响她和赖雅家人的关系。赖雅与前妻的女儿菲丝的年纪和张爱玲相仿，她们在罕布什尔州曾经见过面。张爱玲和赖雅搬至旧金山后，菲丝从佛罗里达州过来，住了十几天。其间，张爱玲热情款待，带她外出逛街购物，品尝风味小吃，但也止于客气，并不亲昵。在张爱玲的内心，后母是个不讨喜的角色，曾经在她的作品中也有关于后母的人物刻画，形象皆倾向于负面。如今，把自己放在后母的位置，张爱玲不免心生尴尬。

搬至旧金山后，经过一番对比考量，张爱玲和赖雅最终将住所选定在布什街645号一个月租金为70美元的出租公寓。那时候，赖雅正在为他的小说《克利丝汀》和一个戏剧剧本工作，他在几条街区外的鲍斯脱街为自己找到了一间小小的办公室。同时，他还参与协助马克·休勒创作关于辛克莱·刘易斯的传记。而张爱玲则在把《荻中笨伯》改写成中英文两个版本的电影剧本。同时，在宋琪夫妇的热情推荐下，她还在美国新闻处谋得了一些翻译工作。二人紧张却有序的生活就此拉开帷幕。赖雅通常在早晨8点起来，早餐后，步行到工作室去伏案写作。张爱玲通常晚上要工作到深夜二三点，因此总是中午赖雅回来后她才醒来，然后，二人一起共进午餐，下午分头去工作或外出购物。晚上，赖雅喜欢以阅读或看电视来打发时光，张爱玲则已经进入工作状态。

随着居住时间的变长，二人都有了自己的交际圈。赖雅常与一位名叫约·培根的画家一起在街头巷尾散步。培根每星期开汽车来，把赖雅带去购买一周所需的日常用品。

张爱玲一生喜欢独处，而不喜群居，知交只有少数几个，爱丽斯·琵瑟尔便是其中之一。爱丽斯·琵瑟尔是张爱玲在旧金山认识的好友，她是一位极为和蔼友善的绘画艺术家。从少女时代开始，张爱玲就非常喜欢美术，对各种颜色都特别敏感。张爱玲和爱丽斯·琵瑟尔常常在一起饶有兴趣地欣赏其画作。

她们经常一起到唐人街和华盛顿广场公园里小坐。公园面积不大，两街区长，一街区宽，几棵郁郁葱葱的大树在草坪上生长着。公园旁边有一座大教堂，巨大的建筑物以极其庄严肃穆的气息带着强烈的存在感与这个小公园相互辉映。伴随着清风以及淡淡的花香，她们在草坪上席地而坐。张爱玲喜欢向爱丽斯·琵瑟尔讲述自己的童年往事。后来，张爱玲曾把自己写的英文小说签了名送给她，还用中文写了菜谱送给她。虽然爱丽斯不懂中文，但她一直都好好保存着。

时至 1959 年 12 月中旬，炎樱给张爱玲来信，对《北地胭脂》（原名《粉泪》）未能被出版商接受出版深表同情。1960 年初，炎樱在来信中宣布已结婚，去日本途中经过旧金山，将会来拜访。然而，到了约定的日子，炎樱并未如期而来，张爱玲颇为失望。1961 年 3 月下旬，张爱玲再一次接到了炎樱的来信，信中说她将在从日本返回的途中拜访张爱玲和赖雅。这一次，在焦急的等待中，炎樱来了，张爱玲戏称她是“从天而降”。炎樱的开朗外向一如往昔，一直保持着她那特有的、俏皮可爱的说话方式。在《炎樱语录》中，张爱玲曾这样描述她：“月亮叫喊着，叫出生命的喜悦，一颗小星是它的羞涩的回声。”张爱玲望着眼前的炎樱，恍如隔世。

1960 年 7 月，张爱玲历经冗长烦琐的入籍手续，在赖雅和培根两人的见证下，获得了美国公民身份。在美国 5 年，张爱玲成了真正法律意义上的美国人。

2. 台湾之旅

早在 1959 年 12 月，张爱玲曾到英国海外航空公司打听过去香港的费用。经过很长一段时间的思考，也迫于生活压力，张爱玲为了拓展自己作品的市场，向赖雅提出了她东方之行的计划。

张爱玲来美国已经数年，作品的销路却一直不好。在张爱玲看来，东方之行或许可以缓解目前的困局。但是，大病初愈的赖雅反对张爱玲的出行计划，他对张爱玲的依赖与日俱增。张爱玲花了一整天的时间给赖雅做思想工作，同他分析目前的生活状况、作品的发展困境，说得真诚坦率、有理有据。最终，赖雅无奈同意了张爱玲的出行计划。正像日后一位张爱玲文学研究者司马新分析的那般："张爱玲在美国已经住了 6 年，做了 5 年赖雅太太。在这段生活开始的阶段，她在这片新大陆上既孤独又无措，就靠赖雅对她指导。年复一年，她已逐渐判明了自己的方向，依赖性也随之减少。相反，赖雅当初对结婚并不热心，可是如今在感情上和经济上都离不开她……反而依赖她的抚养和支持了。"

此次出行，张爱玲最放心不下的就是赖雅。如今的赖雅根本不具备独立生活的能力，身边不能缺少照料的人。张爱玲曾提议让赖雅跟旧金山的好友约·培根和爱丽斯·琵瑟尔住在一起，这样方便得到照顾，但赖雅以不愿意连累别人为由拒绝了。于是，赖雅向亨廷顿·哈特福文艺营提出申请，想在那里暂住一段时间，不料遭到了拒绝。赖雅又给他的女儿菲丝写信，希望能到她身边去。几天后，菲丝回信说，请赖雅去华盛顿小住几日，就住在菲丝家附近。女儿的回信给赖雅带来了些许的安慰。

随之而来的是一段忙碌的日子。张爱玲和赖雅各自准备着彼此的出行，一个准备东方之行，另一个准备华盛顿之行，然而，他们彼此的心情却有着天壤之别。对于张爱玲而言，此去是满怀着信心和对未来的憧憬。香港是她熟悉的地方，此去的目的就是将她钟爱的《红楼梦》改编成一部上下集的电影；此去台湾，她对计划中的《少帅》信心满满。但是，对于赖雅而言，不免是辉煌不在、英雄迟暮的感伤。

1961 年 10 月初，张爱玲离开旧金山飞往台北。张爱玲出发的那一天，赖雅去机场送她。依依惜别之后，赖雅望着飞机逐渐消失在天际云间，心中不免怅然若失。他忽然有一种恐慌，恍惚觉得张爱玲可能不会再回来了。

张爱玲到台北的目的就是为写作《少帅》搜集资料，她不仅需要弄清楚西安事变的诸多细节，还希望见到相关的重要人物。

张爱玲到台北后，住在台北美国新闻处处长麦加锡的家里。那是一幢位于阳明山公园附近、深处巷内的大别墅。麦加锡早就知道有许多大学生仰慕张爱玲的才学，他特意安排了台湾大学的几位文学青年欢迎张爱玲，其中有白先勇、欧阳子、王父兴、王祯和、陈若曦等。据当事人王祯和在《在台湾的日子》中写道：“张爱玲与麦加锡夫妇尚未抵达餐厅前，席间一位太太猜测说：‘我们大家都没有见过张爱玲，大家来想想她是什么样子。我曾经问过麦加锡先生，他说张爱玲很胖很邋遢。究竟有多胖多邋遢？’一听之后，大家都觉得有点失望。就在这时，张爱玲出现了。大家眼睛一亮，张爱玲并不邋遢，反而干干净净、高高瘦瘦的。虽然不是顶漂亮，却是‘可看性’很高。于是大家后来戏称麦加锡先生是‘效率专家’，因为他的‘手法’让他们觉得张爱玲更加美丽。”

王祯和、丘彦明在《永远的张爱玲》中这样写张爱玲，“她很少说话，说话很轻。讲英语，语调是慢慢的”。

王祯和当时是台湾大学外文系二年级的学生，他的同学白先勇、王文兴、欧阳子、陈若曦等人创办了《现代文学》杂志。张爱玲后来去花莲时，就住在王祯和家里。王祯和带张爱玲逛了花莲的许多地方。张爱玲曾经读过王祯和的小说《鬼·北风·人》，对里面写到的花莲的风土人情印象颇为深刻。花莲本是一个小县，与台北等大都市相比，更具台湾地区的乡土文化气息。张爱玲在王祯和的引领下，走街串巷，沿途观察风土人情，还去参加了阿美族的丰年祭，观看了声势浩大的山地舞蹈。张爱玲兴趣盎然，并一一做了笔记。

张爱玲还与王祯和去了花莲的“红灯区”。当时因为是旅行，张爱玲的着装极为随意轻便，都是极具欧美风格的宽大衬衫。此番着装在美国极为普遍，但在20世纪60年代还很闭塞的花莲显得很时髦。在妓院里，妓女们纷纷向她投去好奇的目光。又听说她是从遥远的美国来的，妓女都对她非常感兴趣。她看妓女，妓女看她，互相观察，各有所得。随后，他们又去参观酒家，用餐的客人对张爱玲也很感兴趣，还邀她入座共饮。

1961年10月15日，是张爱玲离开的日子，她和王祯和及其母亲一起去拍照留念。当时相机还没有普及，照相师很认真地替他们拍了很久。那是张爱玲花莲之行与人唯一合拍的照片。

如今，我们仍可以看到这张泛黄而模糊的老照片。照片上的张爱玲穿着花底低领衬衫，面色白皙，显得年轻而漂亮。后来作家水晶的女同事们看到这照片，说当时的张爱玲看起来只有30岁。

按照原来的计划，张爱玲准备从花莲去台东和屏东，参观当地独有的“矮人节”，然后取道高雄回台北。不料，当张爱玲一行人刚到台东火车站时，站长就告诉她，说是台北的麦加锡先生要求他转告她，说她先生赖雅病重，要她赶快返回台北。

听完转述后，张爱玲内心极度不安。多年以来，她一直在为赖雅的身体状况担忧，唯恐什么时候旧病复发，内心时时都有危机感。没想到张爱玲刚刚离开几日，赖雅就病倒了。张爱玲取消了原有的计划，日夜兼程赶往台北。为了节省时间，张爱玲乘巴士从屏东到高雄，再换夜间火车转往台北。

一路上，张爱玲焦急万分，归心似箭。到达台北后，她了解到赖雅发病的具体情况。原来赖雅在张爱玲动身后一个星期，就起程去了华盛顿。在巴士经过宾夕法尼亚的比佛时，他突然中风，在当地一家医院昏迷过去。菲丝得知后赶到比佛，然后把他接到华盛顿她家附近的一个医院，但是进一步的情况如何，她不得而知。麦加锡先生遗憾地告诉张爱玲，自从菲丝打来电话后，就再也没有赖雅的消息。张爱玲此时分身乏术，她身边的钱只够买到加州的机票，何况，她此行到香港写剧本的目的还没有达到，她是不能在此刻返回美国的。

后来，在确定赖雅病情已稳定的情况下，1961 年 11 月，张爱玲抵达香港，打算将《红楼梦》剧本写完并拿到稿酬再返回美国。这是张爱玲第三次到香港。香港，依然是脑海中熟悉的所在，在这里盛着张爱玲少女时代的懵懂和中年时代的哀伤。景致依旧而情怀不再，曾经待过的地方，如今满眼尽是物是人非的感伤。

张爱玲的这次香港之行是应宋琪夫妇之邀而来，为电懋电影公司改写《红楼梦》，将其编写为上下集的电影剧本，稿酬达到1600美元至2000美元。张爱玲希望能利用这个机会增加收入，从而改善一下在美国的窘迫生活。为了能尽快完成任务，张爱玲在宋琪家附近租了一个小房间，开始了艰苦的写作。张爱玲通常从早上10点一直写到凌晨1点。由于疲劳过度和精神极度紧张，张爱玲的眼睛患了溃疡并且出血，必须定期就医、打针吃药。她在生活上极为简朴，她没有钱买一双高档一点的鞋子，只有等到年底大减价时再作打算。时至冬季，她不舍得添置冬装和日常物品，只为早日攒够返程的机票钱。

然而，电影界的情形已经不同往日。在20世纪40年代的上海，编剧是颇受尊敬的职业，张爱玲的作品《十八春》《太太万岁》等在拍摄电影的过程中是相当顺利的，与导演的合作也很愉快。但这时，电影公司对编剧并不重视，一切皆由老板和导演定夺，他们可以随意删减、改动剧本。同时，对于张爱玲编写的《红楼梦》剧本有生杀大权的两个人根本没有读过原著，张爱玲不容许将心目中的神圣经典之作改得面目全非。也正因为如此，《红楼梦》剧本迟迟没有通过，张爱玲的内心万分失落。

此次东方之行让张爱玲觉得心力交瘁、颇受打击，其间又不断收到赖雅的来信，他的身体状况令人担忧。张爱玲终于下定决心返回美国。1962 年 3 月 16 日，张爱玲搭上了飞往美国的航班。

在此后的 30 多年里，张爱玲再也没有踏上过香港这片土地。

3. 生死相依

早在张爱玲暂居香港之时，赖雅便不断写信给她，诉说自己的病情已经有所好转，让她安心在外，不必再牵挂。同时告诉她，他已在女儿菲丝家附近找了一间公寓，周边环境很好，希望她能够早日归家。张爱玲内心纠结不已，多年来在英语世界的创作屡遭挫败，幸而对中文世界存有一丝希冀。可是，这次被她寄予厚望的东方之行也破灭了张爱玲的希望，世易时移，昔日光景不再，迷茫充满了她的内心。

终于下决心返回美国，尽管内心亦有不甘和不舍。按照行程安排，张爱玲应该在 1962 年 3 月 18 日到达美国华盛顿，可是赖雅 17 日就一个人跑到了候机大厅，从清晨薄暮一直等到夕阳唱晚，迫切期盼的心情溢于言表。第二天，菲丝也来到机场接张爱玲。当见到下飞机的张爱玲时，赖雅使劲地朝她挥手，默默相望间竟然激动得无语了。

回到家，赖雅已经准备了咖啡和麦片粥，张爱玲又动手做了几个小菜，温馨的气氛溢满了整个小屋。张爱玲斜倚在沙发上，静静地看着赖雅在厨房忙得不亦乐乎，兴致勃勃地做着汉堡和沙拉。饭菜齐备后被端上桌的一刹那，张爱玲感到了家的温暖，这种温暖再一次化解了她内心的哀伤和失落。张爱玲为了给赖雅一个好心情，故意隐瞒了自己所经受的艰难和打击，只是兴致勃勃地向赖雅讲述着东方之行的种种际遇和有趣新奇的各色风土人情。

那段时间，张爱玲和赖雅租住在菲丝家附近的皇家庭院公寓。赖雅在国会图书馆申请了一个桌位，每天从早晨开始在那里办公。张爱玲则申请到离赖雅很近的一个桌位，在此处查找一些关于写作《少帅》所需要的书籍资料。但是，在大多数情况下，张爱玲更喜欢在自己家中进行创作。

在经济状况窘迫的同时，赖雅的身体也每况愈下，一天比一天孱弱。早在 1962 年，他就中风过，但两个月后便康复了。此后不久，他又为做疝气手术而住院。有一天，赖雅从国会图书馆出来，在回家的路上不小心摔了一跤，摔断了股骨，使他的身体状况更加糟糕，活动能力大大减弱，随之而来的是他又多次中风。

身体的不堪导致精神的不振，赖雅变得越来越沉默寡言，深居简出。张爱玲除了每天辛勤写作以换取一些经济报酬外，还要承担起看护的责任。她自己就睡在起居室中的行军床上，悉心地照顾着病榻上的赖雅。看着张爱玲忙碌不堪，赖雅也觉得内疚不已。家中失去了往昔的快乐与温馨，一种阴郁与沉闷的气氛笼罩着两个人的生活。

华盛顿寒冷的冬天逐步临近了，赖雅对张爱玲的依赖与日俱增。1962 年 12 月的一天，大雪漫天盖地，赖雅在步行去图书馆的途中，因为不敌严寒，膝盖扭伤并严重受寒。回到家之后，他冷得在床上直打哆嗦，他不能像往常一样外出去杂货店购物了，只能由张爱玲代替。

“路上小心，地很滑！”赖雅再三叮嘱她。

夜幕降临，夜色愈浓，张爱玲迟迟未归，赖雅独自一人坐在床上，望着窗外幽暗寒冷的天空。终于，在赖雅焦急的等待中，张爱玲踏进家门，身上披着一层薄薄的雪花，浑身带着户外的寒意，她的手里提着一包日用物品，同时还抱着一个大纸袋。

“瞧！这是什么？送给你的！”张爱玲的眼神中透着欢快和顽皮的狡黠。

原来是一条粉红色的羊毛毯子，质地细腻柔软，淡淡的粉色在灯光下闪着醉人的光晕，赖雅轻轻地抚摸着这条毯子，感到无比的温暖。

也许命运就是这么不公，让张爱玲的生活一次又一次陷入绝境。这样惬意温馨的生活并未长久，风波又起。1964 年 6 月 20 日，一架飞机在台湾中部坠毁，在遇难者中有香港电懋电影公司的老板。他本人对电影制作很热心，一直对张爱玲颇为支持。如今，电影公司失去了这一首脑，面临瓦解的困境，同时，对张爱玲颇为照顾的好友宋琪也从公司辞职了。张爱玲为香港电懋电影公司写的最后一个电影剧本是根据艾米莉·勃朗特的《魂归离恨天》而改成的中文版。此次意外一出，该剧本也就没有了拍摄成电影的可能性。这件事直接影响了张爱玲和赖雅的经济收入。这些年来，为香港电懋电影公司写剧本一直是张爱玲的主要经济来源。香港电懋电影公司的解散意味着从此以后，张爱玲重要的收入来源中断了。

在此困境下，张爱玲只好想尽一切办法节约开支。先是从皇家庭院的简朴公寓搬到黑人区的肯德基院，因为那里是政府廉价公寓所在地，每月的租金开销可以减少。另一方面，张爱玲想尽办法增加收入。那时，麦加锡已从台北调回美国并就职于“美国之音”。在他的帮助下，张爱玲得到一些写广播剧本的机会。她写出的第一个广播剧本是陈纪莹的《荻村传》。此后，张爱玲还改写了几部西方小说，其中包括莫泊桑以及苏联作家索尔仁尼琴的小说。这些改编工作，并不属于张爱玲的创作作品，只能算是对别人作品的再造。对于张爱玲而言，这只不过是一种养家糊口的无奈之举而已。对于一个优秀的作家而言，改编终究不是长久之计，那部她曾经寄予厚望并倾尽心力的作品《少帅》最终也不了了之。

1965 年冬天，在圣诞节来临的时候，菲丝的两个儿女来探视赖雅，还给他带来了鲜花和礼物。沉寂已久的小屋里有了久违的笑声。病榻上的赖雅已经不能动了，但他看着成长着的充满活力的孙儿们，眼角露出了笑意。

生活终究是要继续的。为了改善生活状况，增加收入，张爱玲申请了迈阿密大学的驻校作家职位。张爱玲在这年的 9 月来到了大学所在地的俄亥俄州牛津市。1964 年 10 月，该校出版的《迈阿密校友会》在提到关于张爱玲到来的消息时称，“她是最优秀的在世当代作家之一”。

此时，最让张爱玲放心不下的便是照料赖雅的问题。她本计划是让菲丝好好照顾的，但菲丝对张爱玲非常不满。在菲丝看来，张爱玲在父亲最需要人陪伴的时候，抛弃了身患重病的父亲。

张爱玲向菲丝求助时，她一脸的冷漠，不肯替她照顾赖雅。菲丝有些生气地说：“你不能这样把他留给我就走人！我已经做了一切我能做的。我有舞蹈课要教，我还有两个孩子！况且，他需要你！”

张爱玲急切地解释说：“我们需要钱！我们现在搬的公寓连暖气都没有，有的话我也付不起暖气费。我不知道这个冬天要怎么度过。我现在申请到迈阿密大学的驻校作家，这是我唯一的可以赚钱养家的机会。”

菲丝明白张爱玲说得有些道理，但潜意识里认为，作为后母的张爱玲是为了摆脱责任，所以也不肯轻易松口：“我有我自己的工作和家庭。我只能做到这样。你在当初和他结婚的时候应该晓得他的健康情况，但他比我预期的要坏得更快！”

张爱玲内心明白，菲丝对于她嫁给赖雅的目的始终心存疑虑，认为她的动机只是为了美国公民的身份，这让张爱玲无比愤慨。倔强的张爱玲没有再说一句话，她不再向任何人求援。等到菲丝再来公寓时，张爱玲已经带着赖雅搬走了。公寓里只剩下几个纸箱，还有张爱玲留下的一张字条：“我带不走所有的东西，这几箱垃圾麻烦你帮忙处理——最后一件事！”菲丝发现纸箱里面全是父亲的手稿和日记。她把箱子收起来，保存了很多年，包括记载着张爱玲的部分。

直到后来很多年，菲丝和张爱玲之间的隔阂依然无法消除，个中滋味如何与他人说？在如此拮据的生活中，张爱玲的写作一直被生活所困，为生活所干扰，没有创作何来收入？何来陪伴照料？无奈之下，张爱玲只好雇用了两个相邻的黑人妇女来照看。由于那时赖雅已经瘫痪且大小便失禁，黑人妇女们不够耐心，也无法保持房间干净，赖雅得不到精心照顾。于是，张爱玲在抵达俄亥俄州牛津市之后不久，就把赖雅接了过去。因要忙于写作，又要照顾赖雅，所以学校里的活动她很少参加。

那段时间，是张爱玲最困难的一段日子。不仅因为赖雅身患重病，张爱玲自己的身体也有诸多病痛。长期的伏案写作，使她视力受损严重，长期的熬夜再加上生活不规律，身体关节都出现病痛。生活拮据，赖雅身体多病，自己身体也多有不适，就这样坚持了 8 个月后，张爱玲发现自己的创作仍然没有进展。她又恳请夏志清先生帮忙写推荐信到哈佛大学雷德克里夫女子学院去做驻校作家。在那里，她接受了洛克菲勒基金会的资助，翻译晚清小说《海上花列传》。这是一部张爱玲很喜欢的小说，在她看来，这部小说堪称世界级经典之作。张爱玲经常称赞这部小说“平淡而近自然”，并自称自己的小说《秧歌》就是秉承了这部小说的风格。

赖雅已经病入膏肓了。这个曾经热情开朗、仗义疏财的男人，现在生活窘迫、疾病缠身。他整日里恹恹地躺在那里，失去了往日的风采和活力。曾经热情张扬、时刻闪烁着炯炯目光的眼睛，如今却再也寻不到一丝生气，仿佛一片沉寂的湖水，毫无波澜，透着绝望。赖雅每天看着张爱玲匆匆忙忙地跑进跑出，照料自己，还要外出谋职贴补家用，他的内心不仅有深深的内疚之情，更多的是挫败感和失落感。

张爱玲和赖雅二人心里都明白，赖雅不可能康复了。后来某日，赖雅的表亲哈勃许塔脱来探望他。但是，一生好强的赖雅见到他时，把头转向墙壁，并要求他离开。赖雅一向是一个乐观好客的人，但他不想让他人见到如此不堪的自己。赖雅希望带给朋友的是快乐与温暖，然而，生死轮回，自有定数。1967 年 10 月 8 日，伴随着秋风中飘然而去的落叶，赖雅最终还是永远地离开了张爱玲，离开了这个他眷恋的人世间。

赖雅的遗体火化后没有举行葬礼，他的骨灰被转交给女儿菲丝，由她安葬。张爱玲失去了在美国唯一亲近的人，在此后漫长的 30 年人生岁月中，她始终一个人孤独生活，直至死去都是以赖雅为自己的姓，以赖雅夫人的身份自居。这一份在异国他乡给予她温暖和庇护的情义，在张爱玲心中始终珍存。正如张爱玲在小说中曾经写过的：“《诗经》上最悲哀的一首诗是：死生契阔，与子相悦。执子之手，与子偕老。悲哀，肯定，钟情，像银白的月光，清爽可又有几多凄切。”

赖雅病逝，张爱玲又一次体验到了孤独的滋味。回想当初，张爱玲远赴美国之后，由于民族文化的差异和欣赏角度的差别，她的创作范围已经大为缩减，幸而有赖雅的指导和鼓励，一直有所收获。即使是后来赖雅重病在床，张爱玲内心也有所依托。赖雅的去世，对张爱玲的打击甚大，精神上的寄托没有了，她的创作灵感也枯竭了。46 岁的张爱玲仿佛一夜之间苍老，茫茫然进入孤寂自我的状态。她不再进行新的创作，只是把以前的作品进行修改。

4. 遗世独立

赖雅离开了，原创作品又在西方文学界屡遭冷遇，为了应付生活，张爱玲开始了改写作品、翻译小说的生涯。对于一个才华出众的作家来说，放下原创之笔，转而投向改编工作，其中的失落与无奈如海水般在内心蔓延。张爱玲万念俱灰，开始了闭门不出、茕茕孑立的生活。正如她写过的，“在没有人与人交接的场合，我充满了生命的愉悦”。

1967 年，张爱玲获得了哈佛大学雷德克里夫女子学院的奖学金，离开波士顿后，做过一段时间的驻校作家，专心翻译《海上花列传》一书。

《海上花列传》是清末韩邦庆所著的一部长篇小说，是第一部专写妓院的小说，它写的是妓院中的“爱情”，一个貌似荒诞却又真实的故事。鲁迅曾评论此书是“狭邪小说中之上品”，而胡适、刘半农也给予极高的评价，称其为“吴语文学的第一部杰作”。张爱玲自称：“十三四岁第一次看《海上花列传》，许多年来无原书可温习，但也还记得很清楚。”当初在给胡适的信中，张爱玲也曾明确表示：“我一直有一个志愿，希望将来能把《海上花列传》和《醒世姻缘》译成英文。”然而，《海上花列传》全书的对白都用苏州话写成，对于不懂方言的读者来说，难度非常大，即使是译成中文，也得精通文字与当地风俗，才能翻译得不失原本意韵。

因此，仅仅是为了翻译书名，张爱玲就颇费了一番心思。原来暂定为 Flowers of the Sea，可当时刊载译文的杂志《通俗小说专号》的排版计划中紧接着的下一篇是《孽海花》，在字样上“海”和“花”颇为重复。有一天，宋琪突发奇想，说：何不用“The Belles of Shanghai”？例如《乱世佳人》里的郝思嘉即南国佳人。他征求同仁的意见，大家觉得很好，响亮而切题。随即征询张爱玲的意见，不料她却坚决反对。张爱玲认为单词“belle”只指背景纯净的美丽女子，而《海上花列传》中的人物包括上、中、下三类妓女，如果统称为上海佳人，未免失真。后来宋琪又建议用 The Shanghai Sing - Song Girls，张爱玲说，因为上海长三堂子称小姐为“先生”，外国人因音近似而用，同时出堂差时每人必歌一曲，故有此称，她建议书名改为 Sing - Song Girls of Shanghai，读起来顺口，而且暗含着 Streetwalkers of London（伦敦的马路天使）之类的说法。

关于人名的翻译，张爱玲也是用尽心力。早年，张爱玲曾经试写一部长篇小说，其中人名都用韦翟氏拼法，姓是一个音，名是两个音，中间加连字号。随后许多出版社都表示没有兴趣，因为外国读者不习惯中国姓名的“三字经”。在读者看来，连名字都读不出的作品，根本无法欣赏其内容。这次翻译《海上花列传》，张爱玲为赵朴斋起名为 Simplycity，为洪善卿起名为 Benevolence，至少使母语为英语的读者容易接受。

《海上花列传》由张爱玲先后翻译为普通话版和英文版，填补了这方面多年来的空缺。张爱玲翻译完后，由于地域和文化的差异，在国外并不受欢迎，故又计划在香港出版。遗憾的是这部译稿在搬家时丢了，于是，她又把此书译成普通话，把吴语方言的对白全改译为白话文，目的是为了让所有不懂吴语的中国人都能欣赏这部“海上奇书”。同时，张爱玲在结构上对小说也做了大胆的处理，原书64回，她把其中的4回合并为2回，删去另2回的回目，变成了60回。

经过张爱玲的白话翻译，这部小说比原著更加简洁流畅，大大拓展了读者范围，而且，在书中，张爱玲还增加了一些特色鲜明的注释，包括旧上海狎妓的风俗、行话、人物的衣着等。

1967年，张爱玲的英文小说《北地胭脂》由英国的凯塞尔出版社出版，然而，销路并不好，反响中的负面评论也颇多，张爱玲对于英文的创作已经信心全无。后来，她将这本书译成中文，名为《怨女》，并对内容加以改动。

张爱玲对《怨女》的改动颇大。在原型《金锁记》中，故事情节分为两节，后半部分较多地描写长安。在《怨女》中，长安的故事被删掉，转而重点描述主人公七巧，即后来的银娣。《怨女》的篇幅大为增加，大量的笔墨用来描述没落大家庭的日常生活。对于女主人公所处的环境、与家人的关系以及内心活动，都进行了细致的勾画描写。一些原本侧面稍稍提及的情节在后来也进行了展开，有些人物也得到更完整的描述。比如，姜季泽原是个“但见其眼里永远有三分不耐烦和潇洒身段”的人物，在《怨女》中，不仅突出了他在女主人公心中的地位，还突出了他对于女主人公的意义。银娣这个女主人公也从一个心理变态的疯子转变成一个庸常之辈。

与《怨女》一书的遭遇相比，将《十八春》删改成《半生缘》是相对成功而轻松的。其中一个最为主要的改动便是让世钧与曼桢重逢、叔惠与翠芝重逢，留给读者一个对世事人生产生无限感怀的背影。张爱玲对于《十八春》的改动主要有 3 处，一是将张慕谨改为豫瑾，其本人被诬蔑为汉奸，遭到国民党的逮捕，其妻子遭受酷刑而死改为其妻子被日本人迫害致死，豫瑾本人被抓后，不知所终；二是许书惠赴延安改为去美国留学；三是大团圆的结局被删去，故事情节就在沈顾二人劫后重逢的一幕后就结束了。

5.《五四遗事》与《色戒》

到美国后，张爱玲发表的小说除了《怨女》外，还有《五四遗事》《色戒》等。

《五四遗事》是用英文写的，发表于 1956 年，次年译为中文，发表于台北夏济安担任主编的《文学杂志》上。这篇小说在 1956 年 9 月 12 日发表于美国的《记者》双周刊上，题目是 *Stale Mates*。那时，夏志清的兄长夏济安担任主编的《文学杂志》向张爱玲约稿。张爱玲在美国很少能交到知心朋友，又难得有像夏志清兄弟这样古道热肠的朋友，在文学上亦是知音，自然应允下来。

张爱玲把这篇英文小说用中文译出，名为《五四遗事》。虽然看似译本，实际上却花了不少功夫。中文本与英文本并不完全一样，中文本要比英文原作更灵活自然。夏济安对这篇小说评价极高，他在写给朋友的信中说："张爱玲的小说确实不同凡响……张女士因熟读旧小说，充分利用它们的好处。她又深通中国的世故人情，她的灵魂的根是插在中国的泥土深处里，她是真正的中国小说家。"夏济安是一个自视甚高的人，能如此夸赞张爱玲实属难得。

《五四遗事》这篇小说写的是对人性与时局的关注。轰轰烈烈的五四运动爆发5年后，恋爱自由、婚姻自主的观念成为青年人的时髦话题。罗某已经由父母包办结婚了，但受"新时代"精神的影响，对家里包办的目不识丁的妻子不满意，爱上女校的一个新女性范氏。罗某与范氏二人，还有他们的朋友郭某与周氏，两对男女开始享受最时髦的充满浪漫的爱情，在月下游湖，在草地上朗诵雪莱的诗，在信中交流新看的书刊。

罗某与家中包办的妻子闹离婚，但家里坚决不同意，一拖数年。范氏疑心他一味拖延，结婚的希望渺茫，便经媒人介绍与一个开当铺的相亲。罗某得知消息，硬着头皮离了婚，人们把他当作有勇气向封建婚姻发起挑战的开路先锋，但不久，他又找媒婆介绍了染坊王家的美貌女儿，与他的前妻一样，也是没有文化的旧式女人。范氏的婚事不知道为什么没有成功，罗某与她再次重逢，旧情复燃，顿悟新式女性才是他的理想人选，于是第二次闹离婚，又经过5年终于如愿。罗某与范氏住到了富有诗意的西湖边上，但新婚不久，他就发现自己心目中这个最有诗意的新式女性原来和旧式女人并没有多少不同，区别只是比旧式女人懒，比旧式女人虚荣。

范氏爱打麻将，“没有牌局的时候，她在家里成天躺在床上嗑瓜子，衣服也懒得换，污旧的长衫，袍叉撕裂了也不补，纽襻破了就用一根别针别上。出去的时候穿的仍旧是做新娘子时的衣服，大红大绿，反而更加衬出面容的黄瘦。罗某觉得她简直变了个人。”罗某很失望，三天两头吵架，又想起染坊的王小姐，觉得还是旧式女子贤惠，于是把她接了回来，范氏这位对多妻制不满的新女性虽然声称要自杀，但还是不愿离婚，客客气气地与王小姐相处，后来罗某又把第一任妻子也接了回来。到了 1936 年，至少在名义上是个一夫一妻制的社会，这位五四时代的“新青年”却拥着三位娇妻在湖上偕游，朋友们一边羡慕他“稀有的艳福”，一边取笑道：“至少你们不用另外找搭子，关起门来就是一桌麻将。”

小说中充满了对人性的讽刺。经过了五四运动洗礼的所谓的新式男女并没有战胜他们人性中的弱点。罗某见异思迁、喜新厌旧的天性，并没有被五四运动冲洗掉。范氏这样的新式女子也未能克服与生俱来的女性的虚荣与依赖心理，她还没有得到他的时候，为了讨得他的喜欢，“与岁月的侵蚀”斗争，她的发式与服装都是经过缜密的设计，既保持与他初相识时的美丽，又不落伍，“是流行式样与回忆之间微妙的妥协”。为了迎合他的口味，“他送给她的书，她无不从头至尾阅读，她崇拜雪莱，十年如一日”。当爱情失去了保障，哪怕做小她也愿意。在五四时代中走了一圈，又回到五四前的样子。正像张爱玲与苏青对谈时说的，这种女人，一方面标榜新女性的自由，另一方面旧女性的权利她也要，最终未能走出旧式女人的命运，凸显了改革背景下人性的弱点。

《色戒》这篇小说在张爱玲的众多作品中堪称是最富戏剧性的，其故事梗概经人考证是20世纪40年代初发生于上海的刺杀大汉奸丁默邨的一件真事，发生于上海极司菲尔路76号汪伪特工总部，头目是汪伪大汉奸丁默邨。张爱玲这篇小说没有把内容写成浅薄的美人计刺杀小说，她着重刻画了女主人公王佳芝假扮少妇郑萍勾引汉奸易某及行刺前后的心理。

王佳芝是个富有爱国抗日正义感的青年学生，为了靠近并刺杀汉奸，她装扮成少妇，被迫与不喜欢的人学习勾引之术，作出了牺牲，但她的同伴们因此而鄙视她，连她喜欢的邝裕民都这样看待她。她受到了很大的刺激，但是当他们再次来请她去行动时，她还是义不容辞地去了。

王佳芝与易某有几次交往，将要行刺前，内心却很纷乱，“每次跟老易在一起都像洗了个热水澡，把积郁都冲掉了，因为一切有了个目的”。当她与易某上商店去购买钻石，知道会有人埋伏在商店门口，只待他们出来便行动时，王佳芝的内心很矛盾，她觉得刹那间仿佛只有他与她两人在一起。她憎恨玩弄过她的梁闰生，与梁闰生这些人相比，这个汉奸倒像是爱她的。易某想不到“獐头鼠目”的自己中年以后还会有这样的奇遇，他想到她对他的爱中可能有权势的因素。王佳芝也疑心自己“有点爱上老易，她不信，但是也无法斩钉截铁地说不是，因为没有恋爱过，不知道怎样就算爱上了”。

她看到这个汉奸，“脸上的微笑有点悲哀”，她疑心自己是不是爱慕虚荣的贱女人，可是立即又否定了，他“此刻的微笑丝毫不带讽刺性，不过有点悲哀，他的侧影迎着台灯，目光下视，睫毛像米色的蛾刺，歇落在瘦瘦的面颊上，在她看来是一种温柔怜惜的神情”。

“这个人是真爱我的。”她突然想，心下轰然一声，若有所失。

她低声说：“快走。”

她知道这太晚了，但是易某躲过了这场灾难。他回到家中，安排手下人把所有行刺的人，包括她，一网打尽，通通枪毙。张爱玲写道：“她还是真爱他的，是他生平第一个红粉知己。”

“得一知己，死而无憾，他觉得她的影子会永远依傍他，安慰他。虽然她恨他，她最后对他的感情强烈到是什么感情都不相干了，只是有感情。他们是原始的猎人与猎物的关系，虎与伥的关系，最终级的占有。她这才生是他的人，死是他的鬼。”

王佳芝与易某在政治上是敌对的关系，一个是单纯的爱国青年，一个是杀人不眨眼的刽子手。然而，他们都是人，有人性的相通之处。王佳芝人性中的善良与软弱使她放走了这个汉奸，易某却残酷地把她置于死地，虽然他内心也颇为不舍。人性与政治之间的对立和纠结，或许其中影射着张爱玲对与胡兰成婚恋的反思。明知是汉奸，但人性中的弱点与情感战胜了一切，爱上他，但这爱到头来被政治粉碎了。爱情终究超越不了政治，女性的内心更注重性情，而男性的内心更依从政治，这就是人性的差异和悲哀。

张爱玲后期的作品数量虽然并不少，但多为对前期作品的改写，已经不再出新作品。此时的张爱玲，虽然身在大学，却离群索居，不问世事，多年的孤寂已经让她失去了追寻新事物的动力和信心。异国他乡，孤身一人，曾经恣意飞扬、绚丽浓烈的她，而今就在回忆中延续着自己的创作之梦。

6. 红楼梦魇

1969 年 7 月，陈世骧教授当时在柏克莱的加利福尼亚大学担任中国研究中心的负责人，他深知张爱玲的才华，对她发出邀请，请其担任该中心的高级研究员。于是，张爱玲从波士顿搬至柏克莱，其后，她漫长的 26 年晚年岁月在加利福尼亚展开。

研究《红楼梦》是张爱玲在中国研究中心的工作。张爱玲与《红楼梦》的渊源亦是由来已久，张爱玲在很小的时候就熟读《红楼梦》，非常喜欢这部中国古典名著。在她十二三岁时读石印本，看到“四美钓游鱼”，便觉“突然白色无光，百样无味起来”。

由于深受《红楼梦》的影响，张爱玲在 14 岁时就模仿《红楼梦》的文风笔调，写出了《摩登红楼梦》。这是一部典型的鸳鸯蝴蝶派小说，虽然不失稚嫩，却是张爱玲在读过《红楼梦》

《秋海棠》《啼笑姻缘》等通俗小说之后的结晶。当时，张爱玲的父亲张廷重看了大为惊喜，还亲自为张爱玲的这部章回小说拟了回目，分别是：

沧桑变幻宝黛住层楼，鸡犬升天贾琏膺景命
弭讼端覆雨翻云，赛时装嗔莺叱燕
收放心浪子别闺闱，假虔诚请郎参教典
萍梗天涯有情成眷属，凄凉泉路同命做鸳鸯
青问浮沉良朋空洒泪，波光骀荡情侣共嬉春
陷阱设康衢娇娃蹈险，骊歌惊别梦游子伤怀

年仅14岁的张爱玲融合了中西文化，使这部小说具备了两个显著特点：第一是行文运词唱和如出自“红楼”一家，神韵极其相似；第二是内容情节荒诞而又逼真，将摩登上海滩的今事搬至红楼旧物之中，又丝丝入扣。在张爱玲看来，《红楼梦》的续40回不及前半部分精彩。她在《红楼梦未完》中写道：“有人说过三大恨事，一恨鲥鱼刺多，二恨海棠无香，三恨《红楼梦》未完。”

早在20世纪60年代末，张爱玲就寄了些考据《红楼梦》的大纲给宋琪看，有些内容看上去很奇特，宋琪戏称为《红楼梦魇》。每隔一段时间，他就会在信上问张爱玲：“你的红楼梦魇做得怎么样了？”

张爱玲在哈佛大学燕京图书馆和加利福尼亚大学伯克利分校时，有机会看到脂批本《红楼梦》等多种版本，高鹗续书的原本，曹雪芹生前几个友人的诗集，以及近现代人胡适、周汝昌、吴世昌、俞平伯、冯其庸等人的红学著作，还有大陆与港台的文学刊物。张爱玲不需要查原书，因为对《红楼梦》原著太过熟悉，不同的版本不用留神看，稍微眼生一点的字自会蹦出来。她曾经谦称自己研究红学的“唯一资格实在是熟读《红楼梦》”，其实，更重要的是她的悟性与思考能力。

张爱玲说《红楼梦》与《金瓶梅》：“在我是一切的源泉，尤其是《红楼梦》。《红楼梦》遗稿有‘五六稿’被借阅者遗失，我一直恨不得坐时间机器飞了去，到那人家里去找出来，抢回来。”丢失的稿件已经不可寻回，只有对现有资料加以分析研究，力求找出曹雪芹笔下的完整《红楼梦》。张爱玲看过诸多版本之后，得出体会，《红楼梦》在时间跨度上的明显特色，即改写时间之长“何止十年间增删五次”？在张爱玲看来，《红楼梦》改写历经20年之久。为了省抄工，每次大改几处，就从初始重抄一遍，一定是尽量利用手头现有的抄本，而不同时期的抄本早已传出，因而，各抄本的内容新旧不一。同时，有些改写的地方看似荒唐，令人难以置信，例如许多本子的改写常在回首或回末，张爱玲认为，这是因为一回本的线装书，一头一尾换一页较便利。

张爱玲看出，“缝钉稿本该是麝月名下的工作——袭人麝月都实有其人，后来作者身边只剩下一个麝月——也可见他体恤人”。由此可见，不能因某处某回年代早晚判断各本的早晚，这个观点，是张爱玲研究《红楼梦》的一个重要新视角。

张爱玲进入《红楼梦》的世界，正如其所写的：“偶遇拂逆，事无大小，只要‘详一会《红楼梦》就好了’。”“像迷宫，像拼图游戏，又像推理侦探小说，早本各个不同的结局又有《罗生门》的情趣”，生活中所有的颠沛流离，都因为有了《红楼梦》的寄托而得以缓解。

通过对诸多文献的通读与思考，张爱玲结合自身心得，在《红楼梦插曲之一》中，描写高鹗生平的一件事对“续书”的影响。高鹗在中举前曾纳一歌女畹君做妾生子，但因家中婆婆刁难，畹君后来就离开高家，重入风尘。高鹗当时仍有相思之情，想让畹君回来。中举之后，尽管自己年纪也不轻了，但想到自己的无量前途，便与畹君断绝了来往。畹君在高家的身份与《红楼梦》中袭人在宝玉房里的身份相仿，畹君被父母卖身与袭人当年被父母卖进荣国府也相仿。在高鹗续书中，写袭人再度失节，也与畹君一样。高鹗把他与畹君的这一段经历写到后40回的袭人身上，他对袭人的责骂和讽刺想必也是出自于对畹君的不满。

《初详红楼梦》的副题是“论全抄本”，主要比较乾隆抄本《红楼梦》稿本与其他抄本的异同。《二详红楼梦》是对于甲戌本与庚辰本的年份考证，由书中几个俗字的变迁、回前回末的形式等还原出它们的渊源。《三详红楼梦》的副题为：“是创作而不是自传。”张爱玲针对不同版本的评语，结合曹雪芹的朋友富察明义等人的记载，得出这样的结论：

宝玉大致是脂砚的画像，但个性中也有作者的成分在内。他们共同的家庭背景与一些纪实的细节都用了进去，也间或有作者亲身的经验，如袭人别嫁，但是绝大部分的故事内容都是虚构的。如元妃之死，获罪的主犯自贾珍改为贾赦、贾政，加抄家，都纯粹出于艺术上的要求。金钏儿从晴雯蜕化出来的经过，也就是创造的过程。林黛玉的个性轮廓根据脂砚早年的恋人，视为他理想的女性较为两极化的一端。正面写宝玉和黛玉之间的情节定稿较晚，期间重要的宝黛文字却是虚构的。正如麝月实有其人，《麝月正传》却是虚构的。《红楼梦》是创作，不是自传性小说。

《四详红楼梦》是考据《红楼梦》的改稿和遗稿，从曹氏以及他的朋友脂砚、畸笏的改稿与批注的异同入手，看《红楼梦》一书内容上的演变。

《五详红楼梦》是还原曹雪芹最早期原著的面目。张爱玲曾经得出的重要结论体现在：其一，在早期本中有写到贾宝玉与史湘云偕老，贾宝玉并未出家。其二，贾家出事是由于甄家被抄家，贾家因隐匿财产获罪，但是并没有被抄家。其三，贾家最初只有贾政一房，所以第一个早本没有贾赦与宁府，也没有贾雨村与甄家。这是曹雪芹初写时的版本初样。第一个早本是性格结局，将贾家的败落归咎于贾宝玉自身，但这样并不能博得读者的同情，而且有些地方，如史湘云以后“穷无所归”等情节有叙述上的漏洞。曹雪芹在最初 10 年内的 5 次增删，最重要的是改结局为获罪与出家，但一写获罪，又太像曹雪芹自身家庭的没落，所以为避文字狱，他改写为出家。

张爱玲对《红楼梦》的研究历时 10 年。1977 年，24 万余字的《红楼梦魇》由台北皇冠出版社出版，其中包括《红楼梦未完》《红楼梦插曲之一》和《初详红楼梦》《二详红楼梦》《三详红楼梦》《四详红楼梦》《五详红楼梦》，共7篇文章，并自序1篇。张爱玲采用了《红楼梦魇》这个书名，恰好表达了她研究《红楼梦》时的心境——一场梦幻。

在书中，她分别论述后40回的形成，高鹗与袭人的渊源，全抄本、甲戌本与庚辰本的年份，《红楼梦》是创作而不是自传，改写与遗稿，旧时真本等问题。张爱玲是从一个小说家的眼光去重新审视《红楼梦》的，所以观点新颖而耐人寻味。正如著名红学家俞平伯先生早在20世纪20年代就曾经感叹过的："《红楼梦》在中国文坛上是一个梦魇，你越研究便越糊涂。"

陈世骧教授去世之后不久，张爱玲结束了在加利福尼亚大学伯克利分校的研究工作，但《红楼梦》的考据工作仍在进行。1973年，她又移居到洛杉矶，更加与世隔绝，她基本上不再写任何其他东西，一心一意地研究红学。时至今日，对于红学的研究已经分门别类，注重作者家世生平的"曹学"派和注重文本自身研究的"红学"派已然区分鲜明，张爱玲的考据自然属于后者。

张爱玲身处异国他乡，耗费10年心力研究《红楼梦》，印证了张爱玲的人生轨迹，贵族家庭的败落，繁华落尽后的凄凉，是寄托也是感悟。庄信正的著作《永远的张爱玲》中，有一篇的题目就是"旧事凄凉不可听"。在庄先生看来，整部《红楼梦》以及张爱玲的一生年华均是旧事凄凉不可听的。张爱玲曾经写道："散场是时间的悲剧，少年时代一过，就被逐出伊甸园。家中发生变故，已经发生在庸俗黯淡的成人的世界里。而那天经地义顺理成章的仕途竟不堪一击，这样靠不住。看穿了之后宝玉终于出家，履行以前对黛玉的看似靠不住的誓言。”

“回忆这东西如果有气味的话，那就是樟脑的香，甜而稳妥，像记得分明的快乐，甜而怅惘，像忘却了的忧愁。”在张爱玲的内心里，《红楼梦》中的人物似曾相识，书中的命运起伏与自己何其相似，“这里面全是熟人，走进里面去也许比走进外面的世界容易得多了”。曹雪芹的笔下，红楼梦一场，聚散两茫茫，而张爱玲的人生时至此刻，又何尝不是旧事如烟，生死两茫茫呢？张爱玲在自序中为自己题了一联：“十年一觉迷考据，赢得红楼梦魇名。”

第七章　永不凋谢的海上花

一朝春尽红颜老，花落人亡两不知！——经历了太多悲喜与离合的张爱玲，当繁华落幕，她只能孤独地一个人走向生命的尽头。虽然此路遥遥，带着她曾经历过的亲情、友情、爱情，还有她一生钟情的文字，了无牵挂地离去。那里没有颠沛，没有背叛，没有冷漠，没有别离，那里有她一生最爱的所有……

1. 沧 海 一 粟

1969 年 7 月，张爱玲从波士顿搬至加利福尼亚大学中国研究中心担任高级研究员。刚开始时，张爱玲在加利福尼亚大学的中国研究中心的工作并不是很顺利，她的工作主要是对中国共产党专用词汇的研究。然而，这对于只喜欢写作却不问政治的张爱玲来说，真的是勉为其难。并且在 1970 年以后，这方面并未产生很多新术语，所以张爱玲提交的工作报告里的词汇寥寥无几。

张爱玲的与众不同之处在于，她一般在下午开始工作，一直持续到深夜。平日和身边的同事不常见面，再加上她孤僻惯了，不喜欢参加社交活动，生活越来越孤独。伯克利的天气属于湿冷气候，张爱玲不适应当地天气，经常生病。

20 世纪 60 年代末掀起一股琼瑶言情小说热潮，大家在读琼瑶小说时，自然而然地联想到当年风靡一时的张爱玲，再加上当时皇冠出版社的老板平鑫涛的推荐，不失时机地把张爱玲的作品推向广大读者，因此“张爱玲热”来了，张爱玲的春天也来了。1966 年 4 月，皇冠出版社出版了《怨女》一书。1968 年，皇冠出版社重印了张爱玲的著作，出版了《张爱玲短篇小说集》，将《传奇》《流言》《秧歌》《怨女》《半生缘》等收录在一起。

当时，台湾作家都在不同程度上受到了张爱玲作品的影响。一些言情作家很崇拜张爱玲，陈若曦就是其中之一，施叔青说张爱玲的小说是她的《圣经》，侨居美国的女作家於梨华也说：“现在写小说的，我最喜欢张爱玲。”著名的女作家三毛不仅在写法上与张爱玲相似，甚至在为文章拟定题目时，也和张爱玲的风格相似。三毛在自杀前，曾以张爱玲与胡兰成的婚恋为蓝本写了电影剧本《滚滚红尘》，基调与张爱玲的风格基本一致。

在这段时间，张爱玲接受了她的忠实读者水晶的一次拜访。1970 年 9 月，水晶刚到伯克利，还没来得及安顿好行李，就急着寻找张爱玲的住所。他一直是张爱玲迷，对于张爱玲的小说，他是作为范文背诵的。现在到了美国，离张爱玲如此之近，他终于鼓足勇气去拜访。他第一次来到张爱玲所住的大型公寓的门前时，激动的心情无以言表，怀着忐忑不安的心情按响了门铃。过了很久，话筒里传来张爱玲迟缓沙哑的声音，水晶一紧张，竟用起了英语，在通报姓名过后，张爱玲迟缓片刻，才说道：“不能见我。”接着又说：“因为感冒了，躺在床上，很抱歉。”她的语调没有任何感情色彩，低缓平静，但值得庆幸的是张爱玲把家里的电话告诉了水晶，并表示很高兴他的到来，让他下次来访提前打电话。

大家都知道张爱玲独居惯了，水晶也不敢贸然上门，只能先往张爱玲家里打电话，但打了一个多星期，一直没有人接。后来，在一个周末的深夜，电话竟意外地打通了。当时，电话里的张爱玲精神较好，和水晶谈了很长时间。1971 年 6 月，水晶的作品《试论张爱玲〈倾城之恋〉中的神话结构》出版，他将复印稿件寄给张爱玲。不久，他收到了张爱玲的回信：

我总希望你在动身前能见着——已经病了一冬天，讲着都嫌腻烦。下星期也许会好一点。哪天晚上请你过来一趟，请打个电话来，下午五六点钟后打。祝近好，文章收到，非常感谢。

张爱玲对水晶的来访是很花了心思的。知道水晶去年订婚了，还特地为他购买了一瓶八盎司重的 Chanel No. 5 香水送给他的未婚妻，这一举动让水晶感动不已。后来，水晶把这段经历整理成文，刊载于台湾的《中国时报》上。

水晶为我们再现了他拜访张爱玲时的情景。

张爱玲的起居室犹如雪洞一般，墙上没有一丝装饰和照片，迎面一排满地的玻璃长窗。她起身拉开白纱幔，参天的法国梧桐，在路灯下，耀眼而来，眺望得到整个旧金山的夜景，隔着苍茫的金山湾海山，急遽变动的灯火，像《金锁记》里的句子："营营飞着一窠红的星，又是一窠绿的星。"

他对张爱玲本人的描述是：

她当然很瘦——这瘦很多人写过，尤其瘦的是两条胳臂。

如果借用杜老的诗来形容，是“清晖玉臂寒”。像是她生命中所有的力量和血液，统统流进她稿纸的格子里去了。她的脸庞却很大，保持了胡兰成所写的“白描的牡丹花”的底子。眼睛也大，“清炯炯的，满溢着颤抖的灵魂，像是《魂归离恨天》的作者艾米莉·勃朗蒂”——这自然是她自己的句子了。她微扬着脸，穿着高领圈青莲色旗袍，斜欠身子坐在沙发上，逸兴遄飞，笑容可掬。

头发是“五凤翻飞”式的，像是雪莱《西风颂》里迎着天籁怒张着黑发的女神。

水晶听着张爱玲的笑声，这样描述道：

她的笑声听来有点腻答答的，发痴嘀嗒，是十岁左右小女孩的那种笑声，令人完全不敢相信，她已经活过了半个世纪。

我想张爱玲很像一只蝉，薄薄的纱翼虽然脆弱，身体的纤维质素却很坚实，潜伏的力量也大，而且，一飞便藏到柳荫深处。

这次拜访，他们交谈的时间长达 7 个小时之久。其间，他们谈到了许多张爱玲的作品，如《半生缘》《怨女》《歇浦潮》《海上花列传》《倾城之恋》《沉香屑：第一炉香》等，也谈到一些“五四”以来的作家，她还谈到了一些台湾作家。张爱玲认为台湾作家的社交聚会太过频繁，作家还是分散一些更好，避免彼此在文风上面受到影响。

1971 年 5 月，陈世骧先生病故，欣赏张爱玲的人走了。6 月，张爱玲结束了在加利福尼亚大学的任职生涯。对于向往自由、不堪约束的张爱玲来说，这次离开并没有影响到她的正常生活。当时，张爱玲已经从皇冠出版社的作品出版中获得了颇为稳定的收入。随着推崇张爱玲作品的热度再次出现，张爱玲的知名度进一步提高，她偶尔在港台报刊上发表的作品也都能得到比较高的报酬，由此而来的经济收入已经足以应对生活所需。可惜，有钱了，赖雅却已经不在了，此时的张爱玲满心惆怅。离开加利福尼亚大学后，张爱玲几经辗转，最后在洛杉矶居住。

张爱玲在美国的生活特别简单，她几乎只吃中国餐馆送的外卖，但从来不与送餐的工作人员见面。门上安着锁链，每次快餐来的时候，张爱玲把外卖费从里面递出来，送餐员接过钱，将食物挂在门把上。直到确定送餐员走了，张爱玲才开门拿餐。公路边的快餐店成了张爱玲的办公室，《惘然记》就是在那里一点一点创作出来的。

张爱玲在洛杉矶隐居期间，几乎不和外界联系，也不和陌生人交流，她的私事和生活状况只被她熟知的几个人所知晓。在此期间，张爱玲在创作上虽然势头已减，也并不是一无所出，《相见欢》就是在这时创作的。

时至暮年的张爱玲，虽然不问世事，却甚为维护自己的原创作品，总是自己动手整理，不假手于人。1983 年 6 月，《惘然记》经由皇冠出版社发行，其中收录了张爱玲的众多作品，包括《色戒》《浮花浪蕊》《相见欢》。20 世纪 40 年代的旧作《殷宝滟送花楼会》，张爱玲为其加了尾声，为《多少恨》加了前言，她还为《惘然记》创作了一篇序。

“可怜侯门绣户女，独卧青灯古佛旁”，这种苍凉，让张爱玲对外面的世界望而却步，宁愿沉浸在青灯古书中，去研讨古人的世界和内心，也不再愿意与身边的人为伍。失去了支撑自己前进的力量，自己也就不想前进了。就如茫茫人海中的一粒种子，静静地落在人间的一个不为人知的角落里，慢慢等待它的萎缩。

2. 晚年生活

随着时间的推移，张爱玲的身体每况愈下，早年的皮肤病愈发严重。她一直认为之所以会久治不愈，就是室内的虱子造成的。为了摆脱这些可恶的虱子，她甚至剃了头发，在很长一段时期内，张爱玲辗转在洛杉矶城市和近郊的汽车旅馆之间，张爱玲暮年的好友林式同就是在这段时间与她结识的。在她晚年的生活中，林式同给予了她许多生活上的帮助，同时也给这个风烛残年的孤独者精神上的慰藉。

那时候，在大街上经常可以看见，一个老人提着大袋小袋的行李，在各个汽车旅馆间流浪。她穿着长风衣，戴着假发，两手提着纸袋，肩背皮包，脚上穿着拖鞋。只是，大家都不会联想到这个人就是曾经风靡一时的作家张爱玲。这是她所能负荷的行李，也是当前拥有的东西。显然，张爱玲自己已经习惯了这种频繁搬家的状态，只是在搬家的过程中不慎丢失了翻译手稿和证件，实在令人惋惜，因此，她成了名副其实的黑户。最后，张爱玲住进了洛杉矶的一个公寓，房间号是322。1988年，她写信给老友夏志清，诉说自己的近况：

志清，多谢你来信问候！这些日子以来，总是天天上午忙搬家，下午远道上城看医生，有时候回来已经过了午夜，最后一段公车停驶要叫汽车——剩下的时间只够吃睡，所以才有收信不拆看的荒诞行径。直到昨天才看到你1985年以来的信，相信你不会见怪！也许你想我为什么这样莫名其妙，不趁目前此间出版界的中国女作家热，振作一下，倒反而关起门来连信也不看！倘使病废，倒又发表一些不相干的短文。事实上，我是enslaved by my various ailments（受俘于慢性症），都是不致命而要费时间精力在上面的！又精神不济，做点事歇半天！过去有一年多接连感冒卧病，荒废了这些日常功课，就都大坏！好了就只顾忙着补救。光看牙齿就要不断地去两年多。到现在都还在紧急状态中。收到信只看账单和时间紧迫的业务信，以至于你的信和久未通信的炎樱的，都没拆开收了起来。

曾经，张爱玲在好友夏志清的帮助下栖身大学，整日沉浸在哈佛大学燕京图书馆和加利福尼亚大学伯克利分校的东亚图书资料库，即使极少与外界联系，也能让她的精神世界有所依托、生活充实。厚重的文化底蕴和丰富的藏书，给予了张爱玲一段美好的时光，她创作的关于《红楼梦》的一些优秀作品就诞生在这段时光里。

随着香港和台湾再次掀起“张爱玲热”，张爱玲许多往日的作品被相关研究者找出来，在各种杂志上发表。虽然几十年来，张爱玲在某些地方对自己的旧作一直不太满意，但是由于离开上海时仓促惶恐，许多旧作书稿并未随身携带，对她来说亦是遗憾。有些作品内容也因时隔多年已经淡忘无几，如今被世人寻找出来再次审视，恍如隔世的感慨不禁涌上心头。

她将沦陷期间未收录到《流言》中的散文《姑姑语录》《论写作》《天才梦》、未写成的小说《连环套》《创世纪》以及后来发表的《忆胡适之》《谈看书》《谈看书后记》，定名为《张看》，一起交由台北皇冠出版社出版。在此书的序中，对于当年被傅雷严厉批评过的《连环套》的缺点所在，张爱玲也予以默认：

> 三十年不见，尽管自以为坏，也没想到这样恶劣，通篇胡扯，不禁骇笑。一路看下去，不由得一直龇牙咧嘴做鬼脸，皱着眉咬着牙笑，从齿缝里迸出一声拖长的“Eeeeee!”（用“噫”会被误认为是叹息，“咦”又像是惊讶，都不对）连牙齿寒飕飕起来，这才尝到“齿冷”的滋味。看到霓喜去支店探望店伙情人一节，以为行文至此，总有个什么目的，看完了诧异地对自己说：“就这样算了？”想要探测写这一段时候的脑筋，竟格格不入进不去，一片空白，感到一丝恐怖。

1991年7月，张爱玲又搬了一次家，这次她搬到了林式同家附近的罗切斯特公寓206房，厨房抽屉里都是塑料餐具，身外之物简单到不能再简单了。她有时会和林式同抱怨自己的皮肤病和牙齿，林式同安慰她："牙齿不好就拔掉！我也牙痛，拔掉就没事了！"张爱玲愣了一下，若有所思地说："身外之物还丢得不够彻底！"

张爱玲生性清冷，拒绝一切陌生人，也不轻易让陌生人进她的房间，但又常常忘记带钥匙，要请伊朗女经理为她开门，开门时，还不忘发几句牢骚："门实在太容易关上，太难打开，还有浴室设备也不好。"

女经理很不悦地说："我不知道你在说什么！房子你是来看过的！"

张爱玲坚持辩白道："有些问题是使用才会发生的！看是看不出来的！"

女经理要进去核查一下，张爱玲却又一口回绝说："不用了！我还可以将就！"

张爱玲喜欢把常用的东西摆在眼睛看得见、容易找到的地方，所以家里的摆设甚为凌乱。暮年的张爱玲已经没有力气，也没有精力去整理房间了。

1992年，《张爱玲全集》问世。这部著作收录了张爱玲所有的创作文字，包括小说、电影剧本和学术性论著。全书将短篇小说分为两册，题目分别为"回顾展之一""回顾展之二"。在《张爱玲全集》外，她还添加了一册《对照记》，也是张爱玲留在世上的最后一部著作。

在这部《对照记》中，张爱玲加入了母亲、姑姑和炎樱的相片，也有不少她自己风华正茂时的照片。但是，男士的照片鲜有一二，仅存她父亲的照片，她父亲还是在一张集体照中处在甚为偏僻的角落，并不清楚真切。而在张爱玲人生留下沉重痕迹的男士中，无论是胡兰成，还是赖雅，抑或最终不了了之的桑弧，都没有出现在这个册子中。对家人的思念，虽然一直萦绕在张爱玲的心间，但终究“有弟皆分散，无家问死生”。年近八旬的姑姑对张爱玲的情况也是牵挂的，不时念叨：“不知爱玲怎么样了。”有一次，她看到柯灵的《遥寄张爱玲》一文后，写信向柯灵求助，奈何柯灵也不清楚张爱玲的近况，只能辗转通过港台朋友打听。

张爱玲的弟弟张子静亦颇费周折寻找过姐姐的下落。1981年底，张子静在上海《文汇月刊》上读到张葆莘的文章《张爱玲传奇》后，他寻找姐姐的念头又一次萌动了，他托台湾的亲戚、美国的朋友到处寻找。经过一段相当曲折的过程后，张爱玲终于与亲人联系上了，但不久后张爱玲移居洛杉矶，在移居期间，姑姑与弟弟的信件丢失，双方再次失去了联系。

后来，张子静屡次去信都石沉大海，托亲友寻找也毫无下落，最后只得求助上海市政府华侨事务办公室。上海市侨办把他的信又转交国务院侨办，几经周折，信件转给美国洛杉矶领事馆，最后通过一个名叫戴文采的新闻记者，再度找到了张爱玲。

晚年的张爱玲很少写信，即使写信也只有寥寥数语，唯有她一直牵挂的姑姑，偶尔还能收到她的来信。姑姑自张爱玲在

1952 年离开大陆后，一直孤身一人住在长江公寓，直到 1979 年，她 78 岁时，才宣布与几十年的老朋友、20 世纪 30 年代与自己同在一家洋行工作的李开弟结婚。1939 年，张爱玲去香港大学读书，在法律上需要一个监护人，姑姑就托当时在香港分行做事的李开弟做张爱玲的监护人。后来，姑姑写信告诉张爱玲她结婚的事，张爱玲很高兴，马上写信祝贺。姑姑当年和李开弟一见钟情，如今终成眷属。

张爱玲在信上写道，她听说早年有人给姑姑算命，说她到老年才能结婚，现在终于应验了，她为姑姑感到高兴。后来，张子静曾经劝说张爱玲回上海看看，但是她拒绝了。

也许在张爱玲心中，时至多年，曾经的上海已经物是人非，曾经那些虚无的爱情、动荡的时局、口诛笔伐等都在张爱玲的心中留下了难以抚平的伤痕。内心隐隐作痛的惶恐和感情上无法跨越的距离感，让她没有勇气故地重游了。

张爱玲留给世人的最后一张照片是她在获得台湾《中国时报》授予的“文学奖特别成就奖”时拍的。照片上的张爱玲已经苍老，身形消瘦，健康问题似乎已经在她脸上凸现出来。照片中的她手中握着的一卷报纸上，赫然印着“主席金日成昨猝逝”的黑体大字。

张爱玲的那篇获奖感言也写得极为平淡，语调在平静中透着清冷。在感言中，张爱玲回忆了几十年前《天才梦》一文所遭遇的不甚公平的获奖经历，进而在文末写道：

五十多年后，有关人物大概只有我还在，由得我一个人自说自话，片面之间即使可信，也嫌小气，这些年了还记恨？当然事过境迁早已淡忘了，不过十几岁的人感情最激烈，得奖这件事成了一只神经死了的蛀牙，所以现在得奖也一点感觉都没有。隔了半世纪还剥夺我应有的喜悦，难免怨愤。现在此地的文艺将这样公开评审，我说了出来也让与赛者有个比较。

薄薄的一册《对照记》，严格来说，更像是一本相片集，书中集中了她各个时期的照片，也收录了她一直保存着的家人的旧照，张爱玲为照片一一写了题记。这部《对照集》是张爱玲以自己独特的方式编纂的回忆录，她向世人公开了部分私人生活和生命历程，也许，她是用另一种婉约的方式向世人道别。

在《对照记》的结尾，张爱玲写道：

然后时间加速，越来越快，越来越快，繁弦急管转入急管哀弦，急景凋年倒已经遥遥在望。一连串的蒙太奇，下接淡出。

3. 尘埃落定

人到暮年，总是如此，归宿是一样的，不一样的是归宿的形式。在《封锁》中，张爱玲就时光有过这样的感慨：

在封锁中，太多浮游的情感与仓促的生命，抓得住的只有现在……现在……封锁的短暂中不奢谈永世。如果不碰到封锁，电车的进行是永远不会断的。封锁了。摇铃了。“叮铃铃铃铃铃”，每一个“铃”字是冷冷的一点，一点一点连成了一条虚线，切断了时间与空间。

张爱玲晚年独自幽居在加利福尼亚的金斯利公寓，与外面的世界几乎没有任何交集。她的老朋友庄信正由于经常出差，没时间照顾她，曾托住在洛杉矶的建筑商人林式同对她多加照顾。林式同首次拜访张爱玲时，也是颇费周折。他找到张爱玲住的公寓，敲了敲门，仿佛听到屋内有声音，却无人应答。他早就听说张爱玲比较排斥陌生人，所以他便又敲了一次，并自我介绍道：“张女士！我是庄先生的朋友，我姓林！他托我拿东西给您！我跟您通过电话！”

过了好一会儿，屋内一个轻柔的声音慢慢地应答道：“我衣服还没换好！请你把东西摆在门口就回去吧！谢谢！”

于是，林式同便把东西放在了门口，自行离开。

林式同第二次去见张爱玲是在 1985 年 4 月，距离上次送文件已经过去一年半的时间。这一次见面是在一家汽车旅馆。简陋的会客区里，张爱玲很准时地出现了，头上包着灰色的方巾，身上穿着一件同样色系的灯笼式罩袍，因为虱子的困扰，张爱玲剃了头发。一进来就朝一张能避过旅馆经理的椅子走过去，并朝林式同点头微笑致意。张爱玲问他住得离她有多远，随即为上次的事情道歉：“时间真是可怕！我每天都在跟时间作战！所以我也特别不愿意浪费人家的时间！”

林式同连忙回答：“你不用这么客气，庄跟我是老朋友！他托我照顾你，结果你一件事也没有交代我，庄打电话来问我，我都不好意思！”

张爱玲说：“现在要麻烦你了！我申请房子的收入证明还有证件都丢了，现在要找房子很困难，目前暂时还住汽车旅馆，如果哪天有需要，恐怕要请你帮忙。”

林式同表示没有问题，接着便问：“你一直都住在汽车旅馆?”

张爱玲回答得很认真：“是为了方便！不干净可以马上搬！我在躲跳蚤！那是一种南美洲跳蚤！生命力特别强，杀虫剂都没有用!”

随后，张爱玲站起来说：“耽误你太多时间！下次我有需要，就不客气，直接给你打电话了!”

这时，林式同才发现整个见面不过5分钟。

张爱玲的晚年生活就如她在《公寓生活记趣》中写的那样：

厌倦了大都会的人们往往记挂着和平幽静的乡村，心心念念盼望着有一天能够告老归田，养蜂种菜，享点清福。殊不知在乡下多买半斤腊肉便要引起许多闲言闲语，而在公寓房子的最上层你就是站在窗前换衣服也不妨事。

1992年2月14日，张爱玲在美国加利福尼亚洛杉矶市比佛利山立了一份遗嘱，在法定公证人与其他三位证人面前宣誓完成，一切依照当地法律。遗嘱内容简单，只有三点事项：

第一，我去世后，我将我拥有的所有一切都留给宋琪夫妇。

第二，遗体立时焚化——不要举行殡仪馆仪式——骨灰撒在荒芜的地方——如在陆上就在广阔范围内分撒。

第三，我委任林式同先生为这份遗嘱的执行人。

1995年9月8日，邻居向警察署报告，已经很长时间没有见过那位瘦弱的中国老人了。洛杉矶警署的官员在打开张爱玲公寓之门的一瞬间，不禁被眼前凄凉的一幕所震撼：张爱玲身穿赭红色旗袍，安静地躺在一张行军床上，她已经死了。

林式同对张爱玲离世时的情景有这样的回忆：

张爱玲是躺在房里唯一的一张靠墙的行军床上去世的。身下垫着一床蓝灰色的毯子，没有盖任何东西，头朝着房门，脸向外，眼和嘴都闭着，头发很短，手和脚都很自然地平放着。她的遗容很安详，只是出奇的瘦，保暖的日光灯在房东发现时还亮着。

张爱玲被发现的时候，距离其死亡时间已经过了一周左右。当地医生给出的结论：死因是心血管疾病。张爱玲永远地离开了这个苍凉的世界，正如她在作品中写的："人生是残酷的，看到我们缩小又缩小的，怯怯的愿望，我总觉得有无限的惨伤。"

林式同是张爱玲晚年接触最多的人，后来，在庄信正的建议下，他把自己所了解的张爱玲在洛杉矶晚年的生活状况叙述出来，让大家了解。1995 年 11 月，林式同写了一篇题为“有缘识得张爱玲”的文章，收录在 1996 年 4 月台湾皇冠出版社出版的一本书《华丽与苍凉——张爱玲纪念文集》里，此书主要收录了与张爱玲相识的人所写的文章以资纪念。作者主要有夏志清、庄信正、於梨华、苏伟贞、水晶、王德威、朱西甯、张小红、杨照、蔡登山等。

林式同在《有缘识得张爱玲》一文中写道：“1992 年 2 月 17 日，张爱玲寄来一封信，里面有一份遗嘱。”“一看之下我心里觉得这人真怪，好好的给我遗书干什么……遗书中提到宋琪，我并不认识，信中也没有说明他们夫妇的联系处，仅说如果我不肯当执行人，可以另请他人。张爱玲不是好好的吗？我母亲比她大得多，一点事也没有……”没再答复她。而对张爱玲来说，林式同没有回音就等于默认。而后，双方再也没提起这件事，权当默认。

张爱玲在洛杉矶的家中去世后，当时警察从房东那里拿到林式同的联系方式，给林打了电话。“这是 L. A. P. D（洛杉矶警察局），你是林先生吗？张女士已经去世了，我们这儿调查一下，请你 20 分钟以后再打电话来，我们在她的房间里，你有这儿的电话号码。”

下午 3 点左右，林式同携着遗嘱副本赶到张爱玲住所。在公寓门外，一个女警察拿出一个手提包交给他，里面装满信件及文件，同时交出一串钥匙。林式同在回忆文章中写道：“她要马上火葬，不要人看到遗体。自她去世至火化，除了房东、警察、我和殡仪馆的执行人员外，没有任何人看过她的遗容，也没有照过相。”

对于张爱玲生前的住所，林式同也有描述：

门旁靠墙放着那一张窄窄的行军床，上面还铺着张爱玲去世时躺的那床蓝灰色的毯子，床前地上放着电视机、落地灯、日光灯。唯一的一张折叠床倚在东墙靠近门的地方，厨房里搁着一把棕色的折叠椅，一具折叠梯，这就是全部的家具了。对门朝北的床前，堆着一叠纸盒，就是写字台，张爱玲坐在这堆纸盒前面的地毯上，做她的书写工作。

在《我看苏青》中，曾经记录了这样一段谈话内容，苏青问张爱玲：“你想，将来到底是不是要有一个理想的国度呢?”

张爱玲说：“我想也是有的。但是最快最快也要许多年。即使我们能看得见的话，也享受不到了，是下一代的世界了。”

张爱玲飘零的一生终于尘埃落定了。从离开上海到客死异乡，时隔40多年的漫漫岁月，太平的世界终于来临，而曾经的人早已离开，徒留一袭香影任世人追寻、怀念。

4. 临水照花

“长的是磨难，短的是人生。”不能安排自己人生的开始，但她到底安排了自己人生的结尾。

可是，她无法安排的是她生命里出现的两个男人。

胡兰成说：“张爱玲是民国世界的临水照花人。看她的文章，只觉得她什么都晓得，其实她却世事经历得很少，但是这个时代的一切自会来与她交涉，好像‘花来衫里，影落池中’。”是啊，这个时代的一切自会来与她交涉，所以在最后，她只是整理好自己的一切，安排好一切，剩下的就交由这个时代去完成。于是，早早地，她写下了遗嘱，将自己所有的遗产均交给宋琪夫妇。

赖雅是爱她的，虽然他的爱是那么羸弱，那么无力。但是，对于张爱玲来说，赖雅是精神支柱，无论怎样，他是真正爱她的人。从 1967 年送走赖雅后的 28 年里，张爱玲便不再公开露面。

张爱玲生命里的两个男人，一个以 20 年前的背叛给予她沉重打击；一个以 20 年后的死亡给予她沉重打击。这对于一个一生描写普通人生活，描写人间情爱，向往岁月静好、现世安稳的张爱玲，是多么心碎的煎熬啊。

她期待的慈悲，胡兰成漠然视之；她便将这慈悲给了赖雅。

1995 年 9 月 19 日，张爱玲的遗体在洛杉矶惠捷尔市的玫瑰岗墓园火化，没有仪式，也没有亲人，她独独去承受那最后的孤独。

9 月 30 日，是张爱玲出生的日子。遵照她的遗嘱，林式同与另几位朋友带着她的骨灰以及两大袋红白玫瑰花，乘船来到海上，让她与太平洋为伴，与蓝天为伴，让她的高贵血统与普世情怀永远地融入海天一线。这一次，她彻底摆脱了尘世间的纷扰。

上午9点半，船长宣布关掉船体引擎，让船静静地漂在海面上，所有人对骨灰盒三鞠躬，念祭文。林式同沉默了一会儿，打开骨灰盒，在低于船舷的高度开始撒灰。一时汽笛长鸣，潮水涌动，灰白色的骨灰，同漫天的红白玫瑰花瓣，一同飘向深蓝色的大海，渐行渐远……

她凋谢了。世人再也不能等到《小团圆》的结局了。也许在她心里，这团圆只有去另一个世界向祖先们寻找了。

回头看看，张爱玲的身世、命运和她的文字一样精彩而传奇。她背后的显赫的家世，到了她这一代已经到了荒芜绝境，却让她背负了显赫的皮囊，里面却已掏空干净。她历经家庭的变故，后母的苛待，纷繁的战乱，然而她始终如一朵孤傲的海上花，远远地看着岸边世人的喧闹和离别，她是那样的遗世独立。

张爱玲说自己爱用色彩浓重、音韵铿锵的字眼。她的文字间透着毫不媚俗的冷漠和漫不经心的洒脱，有对社会的批评解剖，有对尘世的嬉笑怒骂。

她不会将她的灵魂附着在任何一个我们可以看见的地方或者物体上，她自是干脆地、干净地离去了，就像当初她果断、决绝地离开胡兰成、离开上海、离开香港。所有关于她的一切，我们要自行努力地寻找。她留给我们的那些创世经典将留在我们的心中，永不凋谢。

在我们的眼里，她还是那样聪明伶俐，就如她的文字、音乐与图画；她还是那样在父亲、母亲、后母与姑姑之间到处乱撞，只为寻找那一抹亲情的港湾；她还是那样骄傲，在文字中获得自信、自尊与自给自足的女作家；她还是那样决绝，在与胡兰成的相处中感受炽热爱情与无情背叛，并毅然决然挣脱的理智女性；她还是那样执着，在与赖雅的婚姻中感受迟来的美好爱情的小女人；她也还是那样孤寂，自赖雅死后便僻居异国他乡，独自一人，唯愿安静的伟大女作家。

最终，张爱玲选择了那样的方式回归自然，让自己的躯体融入大海，让自己的灵魂在无边的天空中自由翱翔。那时的她，应该是真正快乐的。她那张含笑的脸，会在碧波浩渺间载浮载沉，一如她挚爱的《海上花列传》所描述的美好意境那样。

她来自海上，亦终归海上。

某一天或某一刻，我们终将在文字和故事中遇到那个曾经来到这个世界，最后又孤独离去的美丽生命——张爱玲。